나훔 강해설교
네 원수를 내가 갚으리라

나훔 강해설교
네 원수를
내가 갚으리라
I Will Carry out Vengeance
on Your Enemies

2004. 1. 14. 초판 발행
2014. 2. 10. 8쇄 발행

지은이 김서택
펴낸이 정애주
곽현우 국효숙 김기민 김의연 김준표 김진성
마명진 박상신 박세정 박혜민 송민영 송승호
염보미 오민택 오형탁 윤진숙 임승철 정한나
조주영 차길환 한미영

펴낸곳 주식회사 홍성사
등록번호 제1-449호 1977. 8. 1.
주소 (121-897) 서울시 마포구 토정로 21-1
전화 02) 333-5161
팩스 02) 333-5165
홈페이지 www.hsbooks.com
이메일 hsbooks@hsbooks.com
트위터 twitter.com/hongsungsa
페이스북 facebook.com/honsungsa
양화진책방 02) 333-5163

ⓒ 김서택, 2004

• 잘못된 책은 바꿔 드립니다.
• 책값은 뒤표지에 있습니다.

ISBN 978-89-365-0657-5 (03230)

나훔 강해설교

네 원수를 내가 갚으리라

김서택 지음

홍성사

머리말
악한 자의 종말

한때 우리 사회에 이른바 해결사들이 많이 등장했던 때가 있었습니다. 누군가 빚을 갚지 못하고 파산하면, 힘깨나 쓰는 해결사들이 찾아가 협박하거나 폭력을 휘둘러서 돈을 받아내곤 했습니다. 사람들이 이처럼 폭력적인 방법으로 문제를 해결하려 든 것은 법으로 해결하려면 시간이 너무 오래 걸린다고 생각한 탓이었습니다.

우리 그리스도인들도 세상을 살아가다 보면 악한 자들을 상대해야 하는 경우가 종종 있습니다. 그런데 그런 악한 자들은 대화로 설득이 되지 않습니다. 그럴 때 우리는 절망을 느끼며, 하나님께서 왜 이런 악한 자들을 그냥 내버려 두시는지, 왜 내가 이런 고통을 당하도록 방치해 두시는지 이해가 되지 않아서 괴로워합니다. 대화나 상식이 통하는 사람들은 그래도 상대할 수가 있습니다. 그러나 자기 힘만 믿고 횡포를 부리는 사람들은 도저히 상대할 길이 없습니다.

우리는 이처럼 악한 자들이 금방 망하지 않는 일을 통해 몇 가지 사실을 배우게 됩니다. 첫째로, 하나님께서는 악한 자들이라고 해서 즉시 심판하지 않으십니다. 아무리 악한 자라 하더라도 소중한 하나님의 형상을 가지고 있는 사람들이기 때문에, 아주 오랫동안 참으시면서 바른 길로 돌아올 수 있는 기회를 주십니다.

둘째로, 하나님께서는 이런 악한 자를 통해 우리 믿는 자들 안에 있는 교만과 죄악을 철저하게 제거하십니다. 하나님을 믿는다고 하는 우리들의 마음속에도 교만과 나쁜 탐욕들이 여전히 남아 있습니다. 하나님께서는 악한 자들에게 괴롭힘을 받는 기간을 통해 이러한 교만과 탐욕을 철저히 회개하게 만드십니다.

셋째로, 하나님께서는 반드시 악한 자를 심판하심으로써 하나님의 의와 능력을 나타내십니다. 나훔서는 악한 성 니느웨의 멸망에 대한 예언입니다. 니느웨는 이스라엘을 잔인하게 멸망시켰을 뿐 아니라 유다에도 많은 피해를 준 성이었습니다. 이 성은 한때 멸망을 당할 뻔했지만, 요나의 설교를 듣고 회개함으로써 구원 받은 전력이 있었습니다. 그러나 나중에 다시 교만해져서 하나님 앞에 많은 악을 행했습니다. 하나님께서는 드디어 니느웨의 죄악을 용서하시지 않고 심판하심으로써 이스라엘의 원수를 갚아 주겠다고 말씀하고 계십니다.

오늘날 우리 주위에도 악한 자들에게 억울하게 고통당하는 성도들이 많이 있습니다. 이런 악한 자들은 금방 망하지 않을 수 있습니다. 그럼에도 불구하고 우리는 그들의 멸망이 이미 작정되어 있다는 것을 알고, 오히려 그들을 위해 기도할 수 있어야 합니다. 절대로 자신이 직접 보복하려 들어서는 안 됩니다. 악한 자를 상대해서 싸우다 보면 나 자신이 그 악한 자보다 더 악해지게 되기 때문입니다.

  아무리 어려운 상황에서라도 끝까지 하나님을 바라보며 인내하는 가운데, 하나님께서 일하시는 놀라운 모습을 보고 영광을 돌리는 여러분이 되시기를 바랍니다.

2003년 10월
대구 수성교 옆에서
김의택

차 례

머리말 악한 자의 종말

1. 하나님은 악에 어떻게 반응하시는가? (1:1-3) 11
니느웨에 대한 예언 | 악을 허용하시는 이유 | 악이 끼치는 유익 | 하나님은 악에 어떻게 반응하시는가? | 하나님의 백성들은 악에 어떻게 반응해야 하는가?

2. 자연 속에 나타난 하나님의 진노 (1:3-5) 31
하나님의 모순된 두 성품 | 자연 속에 나타난 하나님의 진노 | 진노 중에 베푸시는 은혜 | 하나님이 원하시는 것

3. 하나님을 대적하는 자 (1:6-11) 53
악한 자들은 하나님을 이길 수 없다 | 끝까지 하나님을 바라보라 | 무너지는 하나님의 원수들

4. 유다에 들린 복된 소식 (1:12-15) 77
앗수르의 멸망 | 유다 백성을 억압한 것 | 앗수르의 비루함 | 유다에 들린 복된 소식

5. 니느웨 멸망의 환상 (2:1-7) 99
야곱의 회복을 약속하시다 | 공격당하는 니느웨 | 니느웨의 멸망

6. 니느웨의 멸망 (2:8-13) 121
니느웨에 대한 두 가지 비유 | 두 가지 비유의 의미 | 끝까지 보아야 한다 | 한시적인 성격을 가진 세상 나라

7. 니느웨의 음행 (3:1-7) 141
니느웨의 속성 | 니느웨의 엄청난 살육 | 정체를 드러내는 니느웨

8. 해체되는 앗수르 (3:8-19) 157
노아몬의 멸망 | 앗수르의 무력함 | 해체되는 앗수르

■일러두기
1. 이 책은 2001년 6월부터 2001년 7월까지 대구 동부교회에서 설교한 내용을 정리한 것입니다.
2. 본문에 인용된 성경구절의 문장부호는 *New International Version*을 참고로, 편집자가 첨부한 것입니다.

하나님은 악에 어떻게 반응하시는가? 1

1:1 니느웨에 대한 중한 경고, 곧 엘고스 사람 나훔의 묵시의 글이라.
2 여호와는 투기하시며 보복하시는 하나님이시니라. 여호와는 보복하시며 진노하시되 자기를 거스르는 자에게 보복하시며 자기를 대적하는 자에게 진노를 품으시며
3 여호와는 노하기를 더디하시며 권능이 크시며 죄인을 결코 사하지 아니하시느니라. 여호와의 길은 회리바람과 광풍에 있고 구름은 그 발의 티끌이로다.

1:1-3

미 상원의원 출신 중에 밥 케리라는 사람이 있습니다. 그는 미국에서 가장 양심적인 정치가로 알려져 있었는데, 미 해군 특수부대원으로 베트남 전쟁에 참전했을 당시 민간인들을 학살한 사건이 드러나면서 미국 사회에 큰 충격을 주었습니다. 그의 부대가 한밤중에 마을에 투입되어 총격전을 벌였는데, 그때 총에 맞아 죽은 사람들이 전부 여자와 어린이와 노인들이었다는 것입니다. 그뿐 아니라 당시 부대원 중 한 사람은 서로 총격전을 벌인 것도 아니고, 아예 민간인들을 세워 놓고 사살했다고 고백해서 사람들을 경악케 했습니다.

지금은 학원 폭력에 대한 사회적 관심이 높아졌지만, 과거에는 그리 관심을 갖는 사람이 없었습니다. 기껏해야 "재수가 없으면 맞을 수도 있는 거지"라든가 "남자가 오죽이나 못났으면 맞고 다니냐"는 식으로 대수롭지 않게 넘겨 버렸습니다. 그러다가 일본에서 여러 학생들이 학원 폭력 문제로 자살한 데 이어 우리나라에서도 자살하는 사례들이 늘어나자, 비로소 이것이 예삿일이 아님을 인식하게 되었습니다. 사실 매일 시달리는 학생의 입장에서 볼 때 학원 폭력은 완전히 전쟁이나 다름없습니다. 내가 죽든지, 나에게 폭력을 행사하는 아이들이 죽든지 양단간에 결판이 나야 하는 것입니다. 강도가 집에 침입하여 주부를 겁탈하는 것도 단순한 범죄라기보다는 전쟁으로 보아야 할 것입니다. 이 악에 패배할 경우 그 가정은 완전히 파괴되어 회복되기 어려운 상처를 입을 것입니다. 물론 지금은 가정파괴범을 극형으로 다스려야 한다는 인식이 형성되어 있지만, 얼마 전까지만 해도 수치심 때문에 피해 사실을 아무에게도 알리지 못하고 가정이 무너지는 것으로 끝을 내는 경우가 많았습니다. 가해자 입장에서는 장난으로 이런 짓을 한 것일 수도 있습니다. 그러나 피해자 입장에서는 내가 죽든지 네가 죽든지 결판을 내야 하는 전쟁입니다.

세상에는 이런 개인적인 폭력뿐 아니라 독일 나치 세력이나 일본 군국주의 같은 국가적인 폭력도 많이 있습니다. 나라 전체가 하나의 범죄 집단이 되어 악을 자행하는 것입니다.

하나님께서 사람들에게 힘을 주시는 목적은 약한 자를 보호하고 돕게 하시려는 데 있습니다. 그런데 그 힘으로 오히려 약한 자를 억압하고 자기 이익을 챙기려 할 때, 하나님은 결코 그 죄를 좌시하지 않고 심판하신다고 오늘 성경은 말씀하고 있습니다.

니느웨에 대한 예언

나훔서는 "니느웨에 대한 중한 경고, 곧 엘고스 사람 나훔의 묵시의 글이라"는 말씀으로 시작되고 있습니다. 니느웨는 앗수르의 수도인데, 나훔이 살았던 당시의 앗수르는 정상적인 나라가 아니었습니다. 나치 독일이나 2차대전 때의 일본처럼 나라 전체가 하나의 거대한 범죄 집단을 이루고 있었습니다.

니느웨는 요나 때 하나님의 무서운 경고를 받은 적이 있었습니다. "니느웨 성은 40일 후에 지진으로 무너진다"는 요나의 메시지에 온 니느웨 성 사람들이 무릎을 꿇고 회개함으로써 구원받은 적이 있었습니다. 앗수르 같은 나라들의 특징은 겉보기에는 나라의 형태를 갖추고 있어도, 속을 들여다보면 전혀 정상적이지 못하다는 것입니다. 왕도, 신하도 마치 제정신을 잃은 사람들 같습니다. 그들은 오직 힘을 신으로 섬기면서, 아무 죄 없는 수많은 나라와 민족을 파멸로 몰아넣습니다.

그런데 이처럼 악한 나라 앗수르에 가장 큰 피해를 입은 민족은 놀랍게도 하나님의 백성들인 유다와 이스라엘이었습니다. 이스라엘은 이미 그들의 손에 멸망을 당했고, 유다도 멸망 직전에 이르는 큰 피해를 입었습니다. 그럴 때 나훔 선지자가 앗수르를 무섭게 책망하며 그들의 멸망을 예고한 것입니다.

여기에서 중요한 점은, 나훔 선지자가 도대체 어떤 처지에서 이런 예언을 했느냐 하는 것입니다. 만일 그가 이스라엘 사람으로서 포로로 잡혀간 처지에서 이런 예언을 했다면, 완전히 반정부적인 발언을 한 셈이 될 것입니다. 반면에 아직 망하지 않은 유다의 선지자로서 이런 예언을 했다면 '유다 안에서 이런 말을 한 것이 무슨 의미가 있었을까?' 라는 의문이 떠오르게 됩니다. 그 답은 "엘고스"라는 지명과 관련이 있습니다.

오늘 말씀은 나훔을 "엘고스 사람"이라고 기록하고 있는데, 이 엘고스가 어느 나라의 지명인지가 분명치 않습니다. 만일 엘고스가 앗수르의 지명이라면 나훔은 적지에서 멸망을 외친 정말 대담한 사람일 것입니다. 물론 하나님의 선지자는 누구 앞에서든 담대하게 바른 말을 할 수 있어야 합니다. 그러나 적들 사이에 있을 때는 묵시적인 표현을 써서 외부인들이 예언의 내용을 알아듣지 못하게 하는 경우가 일반적입니다. 물론 1절은 이 예언을 "묵시의 글"로 부르고 있지만, 내용상 상징적인 표현보다는 구체적인 이야기가 더 많다는 점에서 전형적인 의미의 묵시로 보기는 어렵습니다. 따라서 엘고스는 앗수르보다는 유다의 지명으로 보는 편이 더 합당한 것 같습니다.

다시 말해서 나훔은 이스라엘이 이미 앗수르에 멸망당했고 유다도 치명적인 상처를 입은 이 시기에 니느웨의 멸망을 예고함으로써 더욱 더 하나님을 의지하도록 믿음의 사람들을 격려했다는 것입니다. 그는 '지금 앗수르가 절대적인 세력인 양 온 세상을 마음대로 주무르며 피로 물들이고 있지만 결국은 망하게 되어 있다. 그러므로 하나님을 두려워하는 사람들은 절대로 앗수르와 타협하지 말라. 죄의 잠을 자지 말고 항상 깨어서 소망을 품고 이 어려움을 견뎌 내라'는 뜻에서 이 예언의 메시지를 전하고 있습니다.

악을 허용하시는 이유

그렇다면 하나님은 왜 이런 악의 세력이 생겨나도록 허용하시는 것일까요? 히틀러나 일본 군국주의 집단이나 앗수르 같은 나라가 생기지 않도록 막으실 수는 없습니까? 학교 안에서 학생들을 괴롭히는 폭력 집단이나 가정파괴범 같은 사람들이 생기지 않도록 막으실 수는 없습니까? 왜 이런 세력이 일어나도록 내버려 두시며, 때로는 상당 기간 동안 마음대로 악을 행하도록 방치하시는 것입니까?

특히 자기 자신이나 다른 하나님의 백성들이 이런 악한 세력에 피해를 입을 때, 우리 속에는 하나님의 사랑을 의심하는 마음이 생기게 됩니다. '하나님께서 나를 사랑하신다면 당연히 이런 나쁜 사람들로부터 보호해 주셔야 하는 것 아닌가? 깡패들이 자기들끼리 패싸움하는 것까지는 내버려 두신다 해도, 왜 하나님의 백성까지 괴롭히도록 내버려 두시는가? 그럼에도 불구하고 우리는 하나님을 끝까지 신뢰해야 하는가?'

하나님께서 악의 세력을 허용하시는 첫 번째 이유는 죄가 어떤 것인지 똑똑히 깨닫게 하시려는 데 있습니다. 죄가 무엇입니까? 많은 사람들이 죄란 바람직하지는 않지만 어쩔 수 없이 저지를 수밖에 없는 것이라고 생각합니다. 예를 들어 배우지 못한 사람이 가난과 궁핍에 시달리면 도둑질을 할 수밖에 없다고 생각하는 식입니다. 그래서 옛날에는 인류학자들이 '범죄형'이라는 얼굴 유형을 만들어 내기도 했습니다.

그러나 죄는 그런 것이 아닙니다. 물론 너무 배가 고파서 도둑질을 하는 사람도 있겠지만, 정말 전문적인 도둑들은 먹을 것을 잔뜩 쌓아 놓고서도 도둑질을 합니다. 배가 고파서 도둑질을 하는 게 아니라 더 잘먹고 잘살려고 도둑질을 하고, 고난도의 도둑질을 하는 것이 즐거워서 도둑질을 하는 것입니다. 도둑질이 얼마나 몸에 배었는지 이제는 도둑질을 하지 않으면 불안합니다. 그래서 온 마음과 뜻과 정성을 다하여 도둑질을 합니다. 이런 죄는 어쩔 수 없어서 저지르는 것이 아닙니다.

일본이나 독일 역시 굳이 남의 나라를 침략하지 않아도 얼마든지 잘살 수 있는 나라였습니다. 그러나 그들은 그것으로 만족치 못하고 전 세계를 향해 선전포고를 했습니다. 앗수르도 마찬가지였습니다. 좀 수고스러워도 자신의 힘으로 잘살려고만 했다면 얼마든지 잘살 수 있는 나라였습니다. 그러나 한번 죄의 맛을 본 사람들은 중도에 그만두지 못하는 특징이 있습니다. 죄란 저지르면 저지를수록 가속도가 붙게 되어 있습니다. 이유 없이 중도에 그만두게 되지가 않습니다. 본성 자체가 죄 쪽으로 기울어져 버렸기 때문에 망할 때까지 죄에서 떠나지 못합니다. 앗수르도 다른 나라를 침략하고 사람들을 죽이지 않으면 불안해서 견디지 못하는 전쟁 중독증에 걸려 있었습니다.

모든 죄는 중독성을 가지고 있습니다. 그래서 죄가 무서운 것입니다. 포르노 영화가 왜 무섭습니까? '지금은 심심하니까 한 번만 보고 다음부터는 안 보면 되지'라고 생각하지만, 실제로는 그렇게 되지 않기 때문입니다. 한번 빠져들면 집착하게 되고, 결국에는 회사 근무시간에도 살짝살짝 인터넷에 들어가서 아슬아슬하게 죄를 즐기는 지경까지 나아가게 됩니다. 술이 왜 무섭습니까? '오늘은 기분이 안 좋으니까 딱 한 잔만 하지'라고 생각하지만, 실제로는 딱 한 잔으로 끝나지 않기 때문입니다. 그 한 잔이 무수히 많은 술잔을 불러들이게 되어 있습니다.

이처럼 죄에 한번 발을 들여놓으면 그 순간부터 중독이 되어 결국 죄의 노예로 전락하게 되어 있습니다. 나중에 거기에서 빠져나오려면 엄청난 대가를 지불해야 합니다. 인터넷 포르노 중독증은 컴퓨터 한 대 팔아 버린다고 해서 해결되는 일이 아닙니다. 컴퓨터 서너 대를 처분할 때까지도 그 중독증은 쉽게 없어지지 않습니다. 죄는 그만큼 무서운 것입니다. 그래서 예수님께서도 죄를 버리기 위해 손이라도 자르고 눈이라도 파낼 각오를 하라고 말씀하셨습니다. 그 정도의 대가를 치르지 않으면 죄의 중독에서 빠져나올 수가 없다는 것입니다.

죄는 예외없이 전부 중독성을 가지고 있습니다. 남을 때린다든지, 돈을 빼앗는다든지, 술을 마신다든지, 음란 사이트에 들어간다든지, 불륜의 관계에 빠진다든지 하는 일들은 전부 무서운 중독성을 가지고 있습니다. 사람들은 그런 죄가 결국 얼마나 비참한 파멸을 불러오는지 눈으로 생생하게 확인할 필요가 있습니다. 그런데 텔레비전 광고나 드라마는 오히려 정반대의 거짓말을 보여주고 있습니다.

두 번째로 하나님께서 악의 세력을 허용하시는 이유는 사탄의 존재를 깨닫게 하시려는 데 있습니다. 사람들의 가장 큰 무지는 사탄의 존재를 믿지 않는 것입니다. 사탄은 눈에 보이지 않을 뿐 아니라 늘 자기 자신을 은폐하고 있습니다. 나쁜 사람이 스스로 나쁜 사람이라고 소개하고 다니는 경우는 없습니다. 처음에는 좋은 사람인 척하다가 나중에 해를 끼치지요. 사탄도 철저하게 자기의 본질과 위치를 감추고 활동하면서, 나쁜 일은 전부 하나님의 책임인 것처럼 거짓말을 합니다. "하나님은 무조건 심판만 하는 존재야. 우리 것이라면 무엇이든지 빼앗아 가는 존재라고. 수련회나 다니면서 청춘을 다 낭비하게 만들지. 하나님은 우리가 즐거워하는 꼴을 못 봐. 사랑하는 사람이라도 생기면 꼭 갈라 놓아야 직성이 풀린다니까."

이런 사탄의 모습을 가장 잘 보여 주는 것이 바로 악한 자들입니다. 약한 사람을 이유 없이 때리면서 즐기는 사람은 사탄의 모습을 적나라하게 보여 줍니다. 신고하지 못하게 하려고 성폭력을 저지르는 가정파괴범은 사탄의 판박이입니다. 이를 갈면서 이유 없이 기독교인들을 박해하는 사람들은 사탄의 모습을 있는 그대로 보여 줍니다. 이런 사람들은 사탄에게 자기 이성을 다 팔아먹은 자들입니다.

사탄은 우리 생각처럼 초능력을 발휘하지 못합니다. 사탄이 할 수 있는 것은 조금 미워할 일에 크게 미워하게 만드는 것이며, 작은 의심을 부풀려서 서로 물어뜯고 싸우게 만드는 것입니다. 사탄은 그런 모습을 볼 때 기쁨을 참지 못합니다.

우리는 이런 마귀의 거짓말에 속아서는 안 됩니다. 마귀는 자기와 타협만 하면 마치 모든 것을 다 줄 것처럼 거짓말을 합니다. 괴테의 《파우스트》에 나오는 젊은 학자도 그런 거짓말에 속아서 자기 영혼을 팔아넘겼습니다. 그러나 세상에 있는 모든 것은 하나님의 것입니다. 하나님이 창조하신 것이고, 하나님이 선물로 주시는 것입니다. 그러므로 우리는 '하나님은 반드시 내 것을 챙겨 주신다. 세상과 손잡지 않아도, 영혼을 팔지 않아도, 죄와 타협하지 않아도, 승진시킬 사람은 반드시 승진시키시고 배우자를 만나야 할 사람은 반드시 만나게 해서 아름다운 가정을 이루게 하신다'는 것을 믿어야 합니다. 마귀는 아무 실권이 없습니다. 자기 마음에 들기만 하면 얼마든지 행복하게 해 줄 수 있고 성공시켜 줄 수 있는 것처럼 거짓말을 하지만, 실제로 마귀가 줄 수 있는 것은 아무것도 없습니다.

세 번째로 하나님께서 악의 세력을 허용하시는 이유는 하나님이 얼마나 크신 분인지 보여 주시려는 데 있습니다. 일시적으로 보면 악한 자들이 성공하는 것 같습니다. 그러나 결국에는 아주 사소한 것이 어긋나서 파멸을 맞이하게 됩니다. 예를 들어 노르망

디 상륙 작전을 보십시오. 독일군들이 망할 수밖에 없는 상황이 만들어지는 것을 알 수 있습니다. 왜 하필이면 그때 롬멜 장군이 휴가를 갑니까? 왜 하필이면 그날 밤에 히틀러가 "오늘은 절대로 나를 깨우지 말라"는 명령을 내립니까?

애굽의 바로는 엄청난 군대 앞에 항복한 것이 아니었습니다. 파리와 이 같은 한낱 미물에게 항복했습니다. 천하무적 애굽 군대가 이런 미물에게 항복한 이유가 무엇입니까? 그들이 아무리 까불고 날뛰어도 하나님께는 파리보다 못하고 이보다 못하다는 것입니다. 그러므로 악한 자들이 설칠 때 겁내지 마십시오. 웃으면서 '파리만도 못하고 이만도 못한 게 까부는구나'라고 생각하십시오.

악의 세력에게 공격받을 때 자칫 잘못하면 마치 그들이 하나님보다 더 위대한 존재인 것처럼 착각하기 쉽습니다. 그래서 그 세력과 타협해서라도 어려움을 모면해 보려는 유혹을 받게 됩니다. 가장 무서운 것이 이런 유혹입니다. 악이 득세할 때 이 유혹에 넘어가지 않을 사람이 없습니다. 오직 철저하게 하나님을 의지하는 사람만이 넘어가지 않고 버틸 수 있습니다. 결국 하나님께서는 이런 악의 세력을 통해 왜 양심만으로는 이길 수 없는지, 왜 하나님을 의지하더라도 전심으로 의지해야 하는지를 보여 주십니다.

왜 이 세상에 육체의 질병이 있습니까? 육체의 질병이 없으면 마음의 질병도 인정하지 않을 것이기 때문입니다. 왜 육체의 죽음이 있습니까? 육체의 죽음이 없으면 영적인 죽음을 깨닫지 못할 것이기 때문입니다. 왜 노예가 있고 독재가 있습니까? 노예와 독재가 없으면 죄의 노예가 얼마나 비참한지, 사탄의 독재가 얼마나 무서운지 깨닫지 못할 것이기 때문입니다.

악이 끼치는 유익

악의 세력이 전면에서 활동할 때 사람들은 무슨 생각을 합니까? 하나님을 모르는 사람은 그것을 당연하게 여깁니다. 어차피 세상은 힘센 자의 뜻대로 흘러가게 되어 있다고 생각하기 때문입니다. 힘센 자가 자기 권력을 남용한다고 해서 누가 뭐라고 하겠습니까? 예를 들어 다윗처럼 힘센 왕이 후궁을 여럿 둔다고 해서 감히 누가 뭐라고 하겠습니까? 사람들은 그것을 어쩔 수 없는 일로 생각하고 넘어갑니다. 그러나 하나님을 아는 사람들은 그렇게 간단하게 넘어갈 수가 없습니다. 그들의 머리를 끊임없이 괴롭히는 질문은 '왜 하나님께서 이런 악을 그냥 두고 보시는가?' 라는 것입니다. 그들은 이 악과 타협할 수 없습니다. 악과 타협한다는 것은 곧 신앙양심을 버린다는 뜻이기 때문입니다. 그런데 하나님은 계속 침묵하고 계시니까 견디기가 힘들고 두려운 것입니다.

이처럼 악이 전면에서 활동하는 시기는 하나님의 백성들에게 환난의 때요 어두움의 시간입니다. 예수님은 이러한 영혼의 낮과 밤을 예리하게 구분하고 계셨습니다. 그래서 진리의 아침이 왔을 때 지칠 줄 모르고 활동하셨고, 제자들에게 "밤이 오리니 그때는 아무도 일할 수 없느니라"(요 9:4)고 경고하셨습니다. 진리의 밤은 하나님이 침묵하시는 시간입니다. 믿는 자들을 어두움의 세력에 넘겨주시는 시간입니다. 그때는 진리를 증거하지 못하는 것은 물론이고 자신의 신앙조차 지키기 어렵습니다. 이러한 영혼의 밤은 개인적인 연단의 형태로 올 수도 있고, 종교적인 핍박의 형태로 올 수도 있습니다.

그렇다면 하나님께서 이런 영혼의 밤을 허락하시는 이유가 무엇일까요? 첫째로, 진리의 낮이 얼마나 소중한지 깨닫게 하시기 위해서입니다. 낮만 계속되면 낮이 얼마나 소중한지 알지 못합니다. 밤이 와야 비로소 아침이 얼마나 귀하며, 낮이 얼마나 소중한지 알게 됩니다. 사람은 건강을 잃고 입원한 후에야 "내가 왜 평소에 건강을 잘 관리하지 않았을까? 왜 남들에게 좀더 봉사하지 않았을까?" 하고 후회하면서 "하나님, 다시 한 번 저에게 건강을 주신다면 저의 인생을 낭비하지 않고 열심히 하나님을 위해서 사용하겠습니다"라고 기도합니다. 또 부자는 재산을 다 잃고 난 후에야 "돈이 철철 넘쳐흐를 때 왜 그 돈을 좋은 데 쓰지 않았을까?" 하고 후회하면서 "하나님, 한 번만 더 저에게 돈을 주신다면 더 이상 속지 않고 좋은 데 사용하겠습니다"라고 기도합니다. 이처럼 사람들은 밤을 경험해 봐야 비로소 자기에게 주어진 것이 얼마나 소중한지 깨닫게 되며, 인생이 자기만을 위해 쓰기에는 너무나도 아깝고 존귀한 것임을 깨닫게 됩니다. 환난과 핍박을 겪어 봐야 비로소 마음껏 예배드리고 기도하고 설교 듣는 것이 얼마나 귀한 축복인지 깨닫게 됩니다.

둘째로, 우리는 영혼의 밤을 통해 자기 속에 있는 죄성을 보게 됩니다. 처음에는 왜 나만 악의 세력에 당하게 하시는지 억울한 생각이 듭니다. 왜 나에게만 이런 일이 생기게 하시는지 도무지 이해할 수가 없어요. 그러나 고난 가운데서 하나님의 말씀을 계속 듣다 보면 자기 속에도 자기를 괴롭히는 사람들과 똑같은 악의 요소가 있다는 것, 단지 그 악을 저지를 기회가 주어지지 않았을 뿐이라는 것을 깨닫게 됩니다. 우리에게 죄지을 힘을 안 주시는 것, 죄지을 돈을 안 주시고 시간을 안 주시는 것이 얼마나 복된 일인지 깨닫게 됩니다.

셋째로, 하나님께서는 이렇게 어두운 환난의 때를 통해 하나님을 간절히 사모하게 만드십니다. 죄악이 날뛸 때에는 단 하루도 기도하지 않고서는 견디기가 힘듭니다. 그래서 평소에는 반은 졸고 반은 잡생각 하면서 기도했던 사람들도 정신을 번쩍 차리고 기도하게 됩니다. 교양 있는 사람들은 다른 교인들이 마구 소리를 지르면서 기도하는 것을 볼 때마다 "여기가 시장도 아니고, 왜 저렇게 큰 소리로 시끄럽게 구느냐?"고 불평합니다. 그런데 막상 자기에게 어려움이 닥치면 오히려 더 큰 소리로 부르짖으면서 기도합니다. 인간적으로는 모든 가능성이 사라져 버렸다는 것, 하나님이 도와주시지 않으면 아무 소망이 없다는 것을 깨닫게 되기 때문입니다. 그래서 짐승처럼 울부짖으면서 간절히 하나님을 구하게 됩니다. 나는 아무것도 아니요 하나님만이 모든 것이라는 사실을 인정하고 철저하게 하나님만 바라보게 됩니다.

이처럼 우리는 어려움을 당한 후에야 비로소 아침을 기다리는 파수꾼의 심정이 어떤 것인지 이해하게 됩니다. 우리가 무슨 힘으로 아침을 열 수 있겠습니까? 아침을 열 수 있는 분은 오직 하나님 한 분뿐입니다. 하나님께서는 자신을 바라보는 보잘것없는 한 사람을 통해 아침을 여십니다. 그의 작은 믿음을 통해 갑자기 어두움의 권세가 물러가고 아침이 찾아오게 하십니다.

하나님은 악에 어떻게 반응하시는가?

오늘 본문은 하나님께서 결국 이런 악에 어떤 반응을 보이신다고 말씀하고 있습니까? "여호와는 투기하시며 보복하시는 하나님이시니라. 여호와는 보복하시며 진노하시되 자기를 거스르는 자에게 보복하시며 자기를 대적하는 자에게 진노를 품으시며"(1:2).

하나님은 이런 악을 보고도 가만히 계시는 분이 아닙니다. 하나님은 투기하는 하나님이시며 보복하는 하나님이십니다. 우리는 이 말이 선뜻 이해가 되지 않습니다. 악한 자들은 사람을 괴롭힌 것이지 하나님을 괴롭힌 것이 아니지 않습니까? 그런데 하나님께서 마치 직접 고통을 받으신 것처럼 투기하시며 보복하겠다고 말씀하시는 이유가 무엇입니까?

이 세상에서 일어나는 죄는 모두 하나님을 거스르는 죄입니다. 다른 사람의 물건을 강탈하는 것은 강탈당한 피해자 한 사람만 괴롭히는 일이 아니라, 모든 사람에게 각자의 소유를 나누어 주신 하나님을 괴롭히는 일입니다. 다른 사람을 때려서 상하게 하거나 죽이는 일은 모든 사람에게 자신의 형상을 나누어 주신 하나님을 상하게 하는 일입니다. 남의 아내나 남편을 범하는 것은 모든 남녀를 자신의 형상으로 만드신 하나님께 죄를 짓는 것입니다.

그래서 구약성경은 이스라엘 백성들이 죄를 지었을 때, 반드시 두 가지 방향에서 해결하게 했습니다. 한 가지는 하나님께 제사를 드리는 것입니다. 즉, 나의 욕심이 하나님의 거룩하심을 손상시키고 하나님의 마음을 아프게 했으며, 각 사람에게 아름다운 생활을 주신 하나님의 영역을 침범했다는 사실을 인정하는 것입니다. 그리고 동시에 피해를 입은 당사자에게도 사죄하고 배상하게 했습니다.

여기에서 "투기하시며"라는 말에는 누군가 자신의 영역을 침범할 때 심히 불쾌히 여기며 마음 상해 한다는 뜻이 들어 있습니다. 원래 이 말은 누군가 자신의 아내를 범했을 때 마음에 일어나는 분노를 표현하는 데 많이 사용됩니다. 아내는 자신의 것입니다.

그런데 아내가 부정을 저지르거나 다른 사람이 아내를 차지하려 할 때, 자신의 고유한 영역을 침범당했다는 분노가 일어나지 않을 수 없습니다. 물론 누가 자기 물건을 빼앗아 가거나 훔쳐 갈 때도 같은 분노가 일어날 것입니다. 마찬가지로 하나님께서는 인간들이 자기의 한계에 만족하지 않고 하나님이 정해 주신 영역을 함부로 침범할 때 투기하며 진노하십니다.

하나님께서는 특히 의를 인해 고통받는 사람과 자신을 동일시하십니다. 그래서 믿음으로 살고자 하는 힘없는 사람들, 말씀에 순종하고자 하는 가난한 사람들을 괴롭히는 것은 곧 하나님을 공격하는 일로서, 절대 가만히 두지 않겠다고 경고하십니다. 또한 어려움 가운데 있는 성도들의 머리털 하나 상하지 않게 지켜 주겠다고 말씀하십니다. 마치 중환자실 환자의 상태를 5분 간격으로 체크하듯이 성도들의 상태를 보살펴 주겠다고 약속하십니다. 그렇기 때문에 성도들이 10년 편안하게 지낼 때보다 1, 2년 어려움을 겪을 때 더 많은 축복을 받고, 더 많은 진리를 깨닫고, 더 많은 은혜의 체험을 하는 것입니다. 이처럼 하나님께서는 성도들의 유익을 위해 환난의 때를 허용하십니다. 그리고 성도들이 그 때를 믿음으로 극복할 때, 지체치 않고 악의 세력을 물리치시며 예비하신 은총을 내려 주십니다.

그렇다면 하나님께서는 어떤 식으로 이런 악을 심판하실까요? 첫째는 이미 살펴본 대로 사소한 일로 인해 무너지게 하시는 것입니다. 이를테면 바로처럼 미물의 공격 앞에 무너지게 하시는 것입니다. 대 애굽의 바로가 이와 파리의 공격 앞에 무너졌다는 것은 말할 수 없는 수치입니다. 하나님께서는 절대권력을 행사하는 악한 자들에게 이런 치명적인 굴욕감을 안겨 주십니다.

또 권력다툼 같은 내분으로 망하게 하시기도 합니다. 악의 세력은 이해관계나 세력관계로 엮여 있기 때문에 아주 작은 이간질로도 얼마든지 붕괴될 수 있습니다. 하나님께서 권력자들에게 의심을 불어넣으시면 언제든지 서로 죽고 죽이면서 붕괴될 수 있으며, 작은 마피아 조직이 큰 조직에 먹히듯이 악의 세력들끼리 서로 먹고 먹힐 수 있습니다.

그러나 무엇보다 결정적인 멸망은 진리의 힘 앞에 축출당하는 것입니다. 악이 득세하지 못하게 하려면 교회가 끊임없이 진리를 선포해서 악이 고개를 쳐들 명분을 주지 말아야 합니다. 이것이 굉장히 중요합니다. 결국은 교회가 자기 할 일을 똑똑히 하지 않아서 악이 독버섯처럼 생겨나는 것입니다. 성경 한 구절을 바로 해석하는 것, 성경 한 구절의 진리를 환히 밝히는 것이, 돈 몇 억을 버는 것이나 수많은 병원을 세워서 병자를 고치는 것보다 훨씬 더 중요한 일입니다. 교회가 '믿음으로 의롭다 함을 받는다' 는 딱 한 구절을 잃어버렸을 때, 암흑이 천 년 동안 온 세상을 덮어 버렸습니다. 딱 한 구절이 감추어지니까 천 년 동안 온 세상이 미신과 무지 속에 헤매게 된 것입니다. 아무리 큰 거인이라도 앞을 보지 못하면 다른 사람에게 휘둘릴 수밖에 없습니다. 마찬가지로 하나님의 진리의 빛이 없으면 아무리 공부를 많이 하고 탁월한 기술을 가지고 있다 하더라도 마귀에게 이용될 수밖에 없습니다. 그러므로 교회가 계속 진리를 선포하고 틈을 주지 말아야 합니다. 그래야 마귀가 힘을 쓰지 못합니다. 교회가 어려움이 없다고 먹고 마시고 즐기고 인간적인 교제에 빠져들면, 어느새 이런 죄악의 독버섯이 고개를 쳐들게 되어 있습니다.

하나님의 백성들은 악에 어떻게 반응해야 하는가?

이런 어려움이 왔을 때 성도들은 어떻게 반응해야 합니까? 밤에는 활동하지 않는 것이 가장 현명한 태도입니다. "밤이 오리니 그때는 아무도 일할 수 없느니라"(요 9:4). 핍박의 때, 어려움의 때가 오면 그냥 딱 엎드려서 자기 신앙을 잘 지키는 것이 중요합니다. 그때 새로 사업을 벌인다든지 인간적인 욕심으로 무리하게 일을 시작하는 것은 지혜롭지 못한 행동입니다. 어려울 때에는 그저 가만히 엎드려서 하나님의 말씀으로 충만해지는 것이 중요합니다. 그러면서 자기 자신을 정결케 하는 일에 힘써야 합니다. 내 속에 죄가 있으면 악을 이길 수 없고, 하나님께서도 나를 사용하실 수 없기 때문입니다. 이럴 때는 그야말로 비상시국이므로 열심히 말씀을 묵상하면서 영적인 지혜를 얻는 것이 중요합니다. 야고보 사도의 말씀을 기억하십시오. "너희 중에 누구든지 지혜가 부족하거든 모든 사람에게 후히 주시고 꾸짖지 아니하시는 하나님께 구하라. 그리하면 주시리라"(약 1:5).

악의 세력에게 이길 수 있는 것은 하나님의 지혜밖에 없습니다. 순진하면 넘어가게 되어 있습니다. 사탄은 속임수와 거짓말의 명수입니다. 사탄을 이기려면 그의 속셈을 꿰뚫어 볼 수 있어야 합니다. 머리로만 아는 진리로는 마귀를 이길 수 없고 세상도 바꿀 수 없습니다. 지금 세상은 기독교에 대해 상당히 부정적인 생각을 가지고 있습니다. 교회 규모는 크지만 교인들이 이기적이고 비이성적이라는 것입니다. 이것은 우리가 진리를 알기는 아는데, 머리로만 알기 때문에 벌어진 현상입니다. 사람들은 교회에서 점점 더 멀어지고 있으며, 교회를 이해할 수 없는 집단으로 취급하고 있습니다.

　이처럼 진리가 머리에만 머물러 있는 것은 고생을 하지 않은 탓입니다. 말씀을 가지고 몸부림을 친 적이 없기 때문에 세상 사람들을 설득하지 못하는 껍데기 지식으로 남아 있는 것입니다. 말씀대로 살려고 하다 보면 되는 일이 아무것도 없습니다. 그래서 절망과 좌절에 빠지게 되고, 인생 밑바닥에서 헤매게 되기도 합니다. 그때 내가 알던 진리가 녹아서 체화되고, 세상 사람들이 내가 말하는 진리를 알아듣기 시작하는 것입니다. 이렇게 성육신한 진리, 내 몸 속에 녹아 들어온 진리, 내 인격의 한 부분이 된 진리만이 불신자들을 설득시키고 공감시키며 하나님을 바라보게 만들 수 있습니다.

　그렇기 때문에 그리스도인들은 진리를 붙들고 고민해야 하며 몸부림을 쳐야 합니다. "하나님은 분명히 약속하셨는데 왜 그 약속대로 되지 않습니까?"라고 물으면서 몸부림을 쳐야 지혜를 얻을 수 있습니다.

　오늘 성경이 우리에게 말씀하는 것이 무엇입니까? 어떤 의미에서 자본주의 사회는 공산주의 사회보다 훨씬 더 악한 곳, 훨씬 더 믿음으로 살기 어려운 곳이라고 할 수 있습니다. 마귀는 세상이 전부 자기 것인 양 큰소리치고 있으며, 자기와 타협하지 않으면 아무것도 할 수 없는 양 위협하고 있습니다.

　그러나 하나님께서는 우리가 악의 세력을 보면서 죄의 속성을 깨닫기를 원하시며, 죄와 타협하지 않기를 원하십니다. 왜냐하면 모든 죄는 100퍼센트 중독성을 가지고 있기 때문입니다. 거기에서 벗어나려면 그만큼 비싼 대가를 지불해야만 합니다. 그래서 하나님의 백성들은 죄에 대해 단호할 수밖에 없습니다.

또한 하나님의 백성들은 마귀의 위협을 두려워하지 않습니다. 악한 권력자들, 악한 부자들이 위협할 때 '너희는 그렇게 큰소리칠 자격이 없다. 너희는 이만도 못하고 파리만도 못한 인생들이다' 하고 코웃음을 치면서 당당하게 대응합니다. 왜냐하면 하나님의 결론이 이미 내려져 있다는 것을 알기 때문입니다. 하나님께서는 분명히 진리가 악을 이길 것이라고 말씀하셨습니다.

지금 주어진 시간을 소중하게 여기시기 바랍니다. 밤이 찾아오고 나서야 "아, 그때 좀더 열심을 낼 걸" 하고 후회하지 말고, 황금처럼 환한 이 대낮에 마음껏 하나님을 만나고 예배드리며 기쁘게 해 드리십시오. 우리야말로 복받은 자들이요 온 세상이 주목해야 할 자들이라는 것을 깨닫고, 수천억 원의 돈이 생기는 것보다 성경 한 구절이 해석되어서 진리가 밝혀지는 것을 더 큰 자랑이자 기쁨으로 삼으십시오. 그럴 때 마귀는 패배하고 이 땅에 하나님의 나라가 임하게 될 줄 믿습니다. 이 어지럽고 혼탁한 세상을 보면서 두려워하는 것이 아니라, 오히려 진리로 변화시켜서 하나님께 바치는 종들이 되시기를 바랍니다.

자연 속에 나타난 하나님의 진노 **2**

1:3 여호와는 노하기를 더디 하시며 권능이 크시며 죄인을 결코 사하지 아니하시느니라. 여호와의 길은 회리바람과 광풍에 있고 구름은 그 발의 티끌이로다.
4 그는 바다를 꾸짖어 그것을 말리우시며 모든 강을 말리우시나니 바산과 갈멜이 쇠하며 레바논의 꽃이 이우는도다.
5 그로 인하여 산들이 진동하며 작은 산들이 녹고 그의 앞에서는 땅, 곧 세계와 그 가운데 거하는 자들이 솟아오르는도다.

1:3-5

얼마 전에 오랫동안 활동을 하지 않던 일본의 한 화산이 폭발하는 장면을 텔레비전으로 본 적이 있습니다. 오랫동안 화산 활동이 없었기 때문에 산에는 숲이 울창했고, 산 아래에도 집들이 많이 들어서 있었습니다. 그런데 어느 날 갑자기 화산이 활동하기 시작했습니다. 땅이 진동하더니 산이 갈라지고 용암이 흘러내렸습니다. 사람들은 불덩어리의 공격을 받고 온 얼굴에 화산재를 뒤집어 쓴 채 집에서 뛰쳐나와 도망쳤습니다. 온 천지가 화산재로 뒤덮여 숨을 쉴 수 없게 되었습니다. 결국 수십 명이 사망했고, 용암이 쓸고 지나간 곳마다 폐허가 되었습니다. 풀도, 나무도, 집도 전부 타버리고 시커먼 용암 덩어리만 남았습니다. 그곳에 있었던 사람이라면 누구나 그 재앙을 신의 진노로 생각했을 것입니다.

이처럼 우리는 자연현상을 통해 하나님의 진노를 느낄 때가 있습니다. 무서운 태풍이나 회오리바람, 홍수나 심한 기근을 통해 하나님의 진노를 느낄 때가 종종 있는 것입니다. 그런데 어떤 경우에는 하나님께서 분명히 진노하셔야 하는데도 불구하고 너무나도 조용히 계시는 것 같을 때가 있습니다. 하나님께서 절대 가만히 계시면 안 되는데 가만히 계심으로써 착한 사람들이 엄청난 고통을 당할 때가 있는 것입니다. 언제 그렇습니까? 악한 자들이 날뛸 때 그렇습니다. 악한 사람이 한두 명 설칠 때는 그래도 참을 수 있습니다. 세상에 악한 사람들이 아주 없을 수야 있겠습니까? 그러나 악한 자들이 절대적인 권력을 얻어 온 세상을 쥐고 흔들 때, 악한 자들이 정권을 잡아 수많은 사람들에게 고통을 주거나 자기 자신이 그 마수에 걸려들어서 참기 힘든 고통을 받고 있을 때, 믿는 자들을 박해하고 온갖 못된 짓을 다 하는 악한 정권이 무너지기를 열심히 기도했는데도 무너지기는커녕 오히려 더 득세할 때, 우리는 심각한 고민에 빠지게 됩니다.

예를 들어 악한 자들이 내 회사를 무너뜨리려고 음모를 꾸미고 있다고 합시다. 그런데 그토록 열심히 기도했는데도 불구하고 결국 몽땅 빼앗기고 말았다면 어떤 마음이 들겠습니까? 분명히 하나님을 원망하는 마음이 들 것입니다. 이미 오랫동안 하나님을 믿어 왔기 때문에 믿음 자체를 버리지는 않습니다. 그러나 마음속으로는 끊임없이 '왜 하나님이 나를 도와주지 않으셨을까?' 라는 질문을 던지게 됩니다.

나훔 당시에 유다 백성들의 마음상태가 바로 그러했습니다. 그들은 앗수르라는 엄청난 악의 세력에게 고통을 당하고 있었습니다. 북쪽 이스라엘은 이미 앗수르에 멸망하여 많은 사람들이 죽거나 노예로 잡혀 갔고, 남쪽 유다도 수차례에 걸친 공격으로 거의 폐허가 되어 예루살렘만 겨우 남았습니다. 그것도 온전하게 남은 것이 아니라 생존을 위해 자식들을 잡아먹을 정도로 비참하게 생존만 하고 있는 상태였습니다. 그럴 때 마음속에 드는 생각이 무엇입니까? '우리가 하나님의 말씀대로 잘 믿은 것은 아니지만 그래도 앗수르 사람들보다는 천 배, 만 배 더 의로운데, 어째서 하나님께서는 우리를 저들의 손에 넘겨 고통을 받게 하시는가?' 라는 것입니다.

이에 대해 나훔 선지자는 "하나님은 의로운 분으로서 절대 악인을 심판하지 않고 내버려 두시는 법이 없다"고 말하고 있으며, 그 진노를 폭풍이나 지진으로 표현하신다고 말하고 있습니다. 물론 악한 자들에게 필요한 것은 즉각적인 심판입니다. 폭풍이나 지진만 가지고서는 깨닫지도 못합니다. 그럼에도 불구하고 하나님께서는 악한 자들을 직접 심판하지 않으시고 간접적으로 자연을 통해 진노를 표현하신다는 것입니다. 왜 그렇게 하십니까? 왜 악한 자들에 대해 그렇게 오래 참으시면서 간접적인 방법으로만 진노를 표현하십니까? 왜 자연을 통해서만 진노를 표현하십니까? 죄에 대한 하나님의 진노와 자연을 통한 진노의 표현은 서로 무슨 관계가 있습니까?

하나님의 모순된 두 성품

우리는 평소에 하나님이 어떤 분이신지에 대해 그리 깊이 생각하지 않습니다. 그저 자기 나름대로 하나님을 이런 분, 또는 저런 분으로 생각해서 믿어 버리지요. 그러다가 어려움이 닥쳐서 모든 일이 내 생각대로 풀리지 않으면, 그제서야 비로소 하나님이 어떤 분이신지 다시 한 번 생각하게 됩니다. '내가 지금까지 생각했던 하나님은 이러이러한 분이신데, 지금 하나님은 내 생각대로 일하시지 않는다. 그렇다면 하나님은 도대체 어떤 분이신가? 이런 어려움 속에서 그분의 도움을 받으려면 도대체 어떻게 해야 하는가?'라는 질문을 던지기 시작하는 것입니다.

나훔 선지자는 곤경에 처한 유다 백성들에게 하나님이 어떤 분이신지에 대해 다음과 같이 선포하고 있습니다. "여호와는 노하기를 더디 하시며 권능이 크시며 죄인을 결코 사하지 아니하시느니라"(1:3 상).

하나님은 어떤 분이십니까? 노하기를 더디 하시며 능력이 크시며 죄인을 결코 용서하지 않는 의로운 분이십니다. 능력이 크시다는 점은 우리도 쉽게 인정할 수 있습니다. 그러나 노하기를 더디 하신다는 것과 죄인을 결코 사하지 않으신다는 것은 얼핏 모순되는 특성으로 느껴집니다. 노하기를 더디 하신다는 것은 죄가 있는데도 사정을 봐주시고 가능한 한 심판을 미룬 채 기다리신다는 뜻인데, 그러면서도 죄인을 결코 사하지 않으신다는 것입니다.

여기에서 우리가 알 수 있는 바가 무엇입니까? 하나님은 우리와 같은 방식으로 일하시지 않는다는 것입니다. 우리가 오래 참는 이유는 대개 힘이 없기 때문입니다. 또는 그 문제가 별로 중요하지 않기 때문에 그냥 참고 넘어가는 것입니다. 그렇지 않을 경우에는 그 자리에서 반드시 지적을 하거나 책망을 하지요. 그런데 하나님은 힘도 있으시고 죄를 절대로 그냥 넘기지 않는 성품인데도 오래 참으신다는 것입니다. 그 이유가 무엇입니까?

저는 얼마 안 되는 사회생활을 통해, 세상 일에는 두 가지 성격이 있다는 것을 알았습니다. 한 가지는, 당장은 무슨 큰일이라도 난 것처럼 상관이 야단을 해도 그 순간만 넘기면 괜찮은 일입니다. 대개 감정적인 일들이 여기에 속합니다. 상관이 무슨 이유에

서인지 마구 화가 나서 잘못도 없는데 야단을 치고 날뛸 때에는 눈 딱 감고 무슨 소리를 하든지 그 순간만 잘 참으면 별탈 없이 넘어갈 수 있습니다. 반면에 당장은 별탈 없이 넘어갔어도 시간이 흐르면서 결국 들통이 나 문책을 당하거나 쇠고랑을 차게 되는 일이 있습니다. 대표적인 예가 뇌물 수수입니다. 뇌물을 받은 것이 들통나면 몇 년이 지난 후라도 쇠고랑을 차야 합니다.

2절만 보면 하나님이 굉장히 감정적으로 일을 처리하시는 분처럼 느껴집니다. "여호와는 투기하시며 보복하시는 하나님이시니라. 여호와는 보복하시며 진노하시되 자기를 거스르는 자에게 보복하시며 자기를 대적하는 자에게 진노를 품으시며."

이 말씀을 읽는 이들 중에는 아주 변덕스럽고 감정의 기복이 심한 왕을 떠올리는 사람이 있을 수도 있습니다. 그래서 속으로 '그래, 아무리 진노하고 소리를 질러도 한순간만 넘기면 그만이야. 하나님이라고 별수 있겠어'라고 생각하고 넘어갈 수도 있습니다. 그러나 하나님은 한순간 감정적으로 흥분해서 펄펄 날뛰다가 잊어버리시는 그런 분이 아닙니다. 어떤 잘못이든지 잘못이 있으면 끝까지 책임을 물으시는 분입니다. 그 잘못을 바로 고치지 않는 한 하나님 앞에서 책임을 면할 수 있는 사람은 아무도 없습니다. 10년, 20년이 지나도 바른 방법으로 해결되지 않은 죄는 반드시 심판을 받게 되어 있습니다. 하나님께서는 죄인에게 혈기를 부리며 소리를 지르시다가 하루만 지나면 잊어버리시는 분이 아닙니다. 오히려 한동안 침묵을 지키며 내버려 두시되, 시간이 지나도 해결되지 않으면 반드시 심판하시는 분입니다. 그것을 성경은 '진노하시며 투기하시는 하나님, 노하기를 더디 하시며 죄인을 결코 사하지 않으시는 하나님'으로 표현하고 있는 것입니다.

그렇다면 하나님께서 인간의 죄에 노하기를 더디 하시는 이유는 무엇일까요? 첫째로, 하나님께서는 인간의 죄를 해결하실 자신이 있기 때문입니다. 인간이 아무리 죄를 지어도 수습하실 자신이 있는 것입니다. 그러니까 성급하게 덤벼드실 필요가 없습니다. 예를 들어 산불이 난 경우를 생각해 봅시다. 누군가 실수로 산불을 냈다면 가능한 한 빨리 불길을 잡아야 합니다. 그렇지 않으면 불을 끌 길이 없습니다.

제가 어렸을 때 친구들과 산에 올라간 적이 있었습니다. 친구 하나가 가지고 온 떡을 구워 먹자고 해서 셋이 앉아 불을 피웠는데, 마침 바람이 불어서 불길이 퍼지기 시작했습니다. 그 불을 끄느라고 얼마나 혼이 났는지 모릅니다. 그때 느낀 것이 산에서는 절대 불을 피워서는 안 된다는 것이었습니다. 산에 한번 불이 붙으면 걷잡을 수 없이 번지게 되어 있습니다. 그러니까 불은 되도록 빨리 진압하는 것이 좋습니다. 그런데 때로는 일부러 산이나 밭에 불을 놓는 경우가 있습니다. 그때의 불은 문제가 되지 않습니다. 불이 번지지 않도록 사전조치를 다 해 놓은 상태에서 일부러 놓은 것이기 때문입니다.

그와 마찬가지로 하나님께서 이 세상의 악을 일시적으로 방치하시는 것은 인제든지 그것을 진압하실 자신이 있기 때문입니다. 인간의 죄가 아무리 교활하고 인간의 악이 아무리 맹렬해도, 하나님은 언제든지 인간의 죄를 진압하실 수 있습니다. 우리가 보기에는 악한 자가 너무 강력해서 의인을 다 죽여 없애 버릴 것 같습니다. 그러나 하나님께서는 이미 선을 그어 놓으셨습니다. 악한 자들은 절대 그 선을 넘어올 수가 없습니다. 이렇게 조처를 다 해 놓으셨기 때문에 우리 눈에는 엄청나게 커 보이는 악의 세력도 어느 수준까지는 내버려 두시고 관망하시는 것입니다.

둘째로, 하나님께서는 죄가 이렇게 날뛰는 것을 통해 죄의 성격을 분명히 보게 해 주십니다. 하나님께서 죄를 제대로 보여 주지도 않고 서둘러 진압해 버리시면, 인간들은 호기심 때문에라도 기어코 죄를 지어 보려 할 것입니다. 청소년 때 제일 하고 싶어하는 것이 무엇입니까? 미성년자 관람 불가 딱지가 붙은 영화를 보는 것입니다. 도대체 이것이 무슨 영화이길래 그토록 어른들이 못 보게 하는가 궁금해서 기를 쓰고 보려 합니다. 그러나 막상 영화를 보고 나서 하는 말이 무엇입니까? "별것도 아니네"라는 것입니다. 미성년자 관람 불가라고 해서 무슨 엄청난 영화인 줄 알았는데, 실제로 보니까 시시하다는 것입니다.

우리는 죄짓지 말라고 해서 죄짓지 않을 사람들이 아닙니다. 우리는 강한 호기심을 가지고 있어서, 하지 말라고 말리면 말릴수록 기어코 더 하려 드는 사람들입니다. 그렇기 때문에 하나님께서 일부 악한 자를 갈 데까지 가게 하심으로써 죄의 실상을 보여 주시는 것입니다. '죄가 이렇게 허망하고 추악하고 더러운 것이구나'라는 것을 철저하게 깨달아서 다시는 죄지을 생각을 못하게 하시는 것입니다.

예를 들어 한 친구가 불륜의 관계에 빠졌다고 합시다. 한때 우리 사회에는 "너 아직도 애인 없니?"라는 말이 유행할 정도로 불륜을 미화하는 풍조가 만연했습니다. 그런데 그 친구가 잘못된 관계를 끝까지 밀고 가다가 결국 비참한 자살로 인생을 마감하는 것을 보았다면, 자기가 그런 유혹에 빠지지 않은 것이 얼마나 다행스럽게 느껴지겠으며 한때 그런 유혹을 느꼈던 것이 얼마나 부끄럽고 두렵게 느껴지겠습니까?

이처럼 세상에서 갈 데까지 다 가는 사람들은 다른 사람들에게 일종의 경종을 울려 줍니다. 갈 데까지 가지 않은 사람들도 마음 속에는 어느 정도 그들과 같은 죄성이나 충동을 가지고 있습니다. 그런데 그들의 비참하고 추한 말로를 보면서 그런 충동을 따라가는 것이 얼마나 무서운 일인지 깨닫게 되는 것입니다.

물론 우리는 죄가 나쁘다는 것을 알고 있습니다. 그런데 그 죄의 표면에 꿀이 발려 있는 것이 문제입니다. 그 맛이 너무 달콤해서 거부하기가 어려운 것입니다. 그렇기 때문에 우리는 죄의 단맛뿐 아니라 비참하고 끔찍하고 추악한 결과까지 봐야 합니다. 그래야 죄를 무서워하는 마음이 생깁니다.

셋째로, 하나님께서는 악한 사람들에게도 회개할 수 있는 시간을 충분히 주십니다. 우리가 생각하기에 악한 자들은 즉각 멸망해야 마땅할 것 같습니다. 그러나 하나님께서 죄인들을 단번에 심판해 버리신다면, 죄에서 돌이킬 마음이 있었던 사람들도 함께 멸망해 버릴 것입니다. 그래서 하나님께서는 그런 죄인들이 스스로 생각하고 돌이킬 수 있도록 충분한 시간을 주십니다.

우리는 악한 사람은 아예 사람 취급도 하지 않으려 듭니다. 아니, 악한 사람뿐 아니라 내가 싫어하는 사람, 나에게 피해를 준 사람은 전부 망해야 마땅한 것처럼 생각할 때도 많습니다. 그러나 하나님은 그렇지 않으십니다. 아무리 악한 자들이라도 기회를 주셔서 그 중에 한두 명이라도 구원하기를 원하십니다. 그래서 죄를 분명히 싫어하심에도 불구하고, 죄인들을 심판하실 능력이 있음에도 불구하고, 우리의 상상을 초월할 정도로 오래 참으시는 것입니다.

실제로 그 덕분에 구원받은 사람들이 아주 많습니다. 사도 바울도 그런 사람이었고, 존 뉴턴도 그런 사람이었습니다. 그리고 우리도 다 그런 사람들입니다. 지금은 독한 성질도 빠지고 혈기도 다 빠져서 순하게 보이지만, 우리도 과거에는 눈에 독기를 품고 악하게 산 적이 있었습니다. 그런데 하나님께서 무한한 자비로 오래 참고 기다리심으로써 변화시켜 주신 것입니다. 그것을 생각하면 저도 소름이 끼칩니다. 하나님께서 저에게 긍휼을 베풀지 않으시고 독기가 한창 올랐을 때 데려가셨으면 어떻게 되었겠습니까? 아마 지옥 중에서도 가장 뜨거운 곳에 던져졌을 것입니다.

그러므로 우리도 하나님과 같은 마음을 품을 필요가 있습니다. 악한 사람들, 내가 싫어하는 사람들, 나에게 피해를 준 사람들이 빨리 망하거나 죽기를 바라는 게 아니라, 그 사람들도 나와 똑같이 하나님의 형상을 가진 귀한 존재로 바라보면서 거의 무한히 기다려 주는 마음이 필요한 것입니다.

자연 속에 나타난 하나님의 진노

오늘 말씀은 하나님께서 악인들을 직접 심판하시는 대신, 자연을 통해서 진노를 표현하신다고 말하고 있습니다. "여호와의 길은 회리바람과 광풍에 있고 구름은 그 발의 티끌이로다. 그는 바다를 꾸짖어 그것을 말리우시며 모든 강을 말리우시나니 바산과 갈멜이 쇠하며 레바논의 꽃이 이우는도다. 그로 인하여 산들이 진동하며 작은 산들이 녹고 그의 앞에서는 땅, 곧 세계와 그 가운데 거하는 자들이 솟아오르는도다"(1:3하–5).

회리바람과 광풍이 부는 장면을 한번 생각해 보십시오. 우리나라의 회리바람은 겨우 종이 몇 장 날릴 정도로 미약하기 때문에 "여호와의 길은 회리바람"이라는 말이 잘 실감나지 않을 것입니다. 그러나 미국이나 중동지역의 회리바람은 집 전체를 휘감아올릴 정도로 그 힘이 엄청납니다. 회리바람이 한번 불면 온갖 것들이 거기에 휘감겨 날아갑니다. 자동차도 휘감기고 가축들도 휘감기고 수많은 돌들도 휘감깁니다. 그래서 회리바람이 지나간 곳에는 오직 폐허만이 남게 됩니다. 여호와께서는 이런 회리바람을 통해 자신의 진노를 표현하신다고 성경은 말씀하고 있습니다.

또 "그는 바다를 꾸짖어 그것을 말리우시며 모든 강을 말리우시나니"라고 말씀합니다. 그러나 이것은 좀 설명이 필요한 구절이기 때문에 잠시 접어두기로 하겠습니다.

하나님께서는 또한 바산과 갈멜과 레바논의 울창한 숲을 말려 죽임으로써 진노를 표현하십니다. 바산과 갈멜은 웬만한 가뭄에는 풀이나 나무가 잘 말라죽지 않는 울창하고 기름진 곳입니다. 그런데 이곳의 숲이 다 말라죽었다면 다른 곳의 숲들은 볼 것도 없이 다 말라죽은 것입니다. 하나님께서 한번 진노하시면 아무리 기름지고 풍성한 숲도 말라죽을 수밖에 없습니다.

"산들이 진동하며 작은 산들이 녹고"라는 것은 화산이 폭발해서 용암이 흘러내리는 장면으로 이해하면 됩니다. 가만히 있던 산이 갑자기 진동하면서 녹아 흐르기 시작합니다. 영원히 그 자리에 있을 줄 알았던 산이 촛물처럼 녹아 흐르기 시작합니다. 이렇게 산이 녹기 시작하면 사람들은 그저 도망치다가 타죽을 수밖에 없습니다. 화산이 폭발하면 그 열기에 죽기도 하지만 엄청난 양의 화산재에 파묻히거나 질식해서 죽는 경우가 더 많습니다. 화산 폭발로 멸망한 폼페이가 발굴되었을 때, 가지각색의 모습으로 죽은 사람들의 처참한 모습이 드러났습니다. 이것이 산이 녹아내릴 때 일어나는 일입니다.

"곧 세계와 그 가운데 거하는 자들이 솟아오르는도다"라는 것은 지진을 가리키는 말씀입니다. 이것을 이해하려면 노아 홍수 때를 생각해야 합니다. 노아 홍수는 단순한 홍수가 아니라 자연 질서의 붕괴였습니다. 세계와 그 가운데 거하는 자들이 솟아오른다는 것 역시 자연 질서가 붕괴된다는 뜻입니다.

이처럼 하나님께서는 악한 인간들을 직접 심판하시는 대신에 회리바람과 광풍과 가뭄과 화산 폭발과 지진을 통해서 진노를 나타내신다고 나훔 선지자는 말하고 있습니다. 이것이 무슨 뜻입니까? 인간의 악과 자연 속에 나타나는 하나님의 진노 사이에는 어떤 연관성이 있습니까?

세상 모든 것은 하나님께서 그 지혜로 만드신 하나님의 작품입니다. 그러나 인간을 깨우치기 위해서라면 이 아름다운 작품, 이 아름다운 세계를 몇 번이고 부수어 버리실 수 있다는 것입니다. 앗수르나 바벨론의 악한 자들에게 믿음을 심어 줄 수만 있다면 바산의 숲과 갈멜의 풀이 하나도 아깝지 않다는 것입니다. 그만큼 하나님께서는 죄인들을 사랑하시며 악한 자들이 하나님을 알게 되기를 원하신다는 것입니다. 그래서 악한 자를 치셔야 할 채찍으로 산을 치시고 강을 치시고 바다를 치셔서 하나님의 진노를 간접적으로 깨닫게 하십니다.

옛날에는 왕이나 귀족의 아들이 잘못했을 때 대신 매를 맞는 노예가 있었습니다. 아들에게 벌을 주긴 해야겠는데 직접 손을 대려니 너무 마음이 아프니까 아예 대신 매를 맞는 노예를 따로 두었습니다. 하나님의 심정이 바로 그런 것입니다. 우리가 보기에는 '저건 사람도 아니다'라는 생각이 드는 악인도 하나님은 직접 손대기를 싫어하시고 마음 아파하십니다. 그래서 그 악한 자들 대신 아름다운 산과 숲과 바다와 강을 치시는 것입니다. 그렇게 해서 악한 자들이 하나님을 두려워하는 마음을 가질 수만 있다면, 아무리 아름다운 하나님의 작품이라도 몇 번씩 채찍질하시겠다는 것입니다.

악한 자도 하나님만 알게 되면 한순간에 딴사람으로 바뀔 수 있습니다. 그렇게 잔인하던 사람의 마음에 사랑이 생겨납니다. 그렇게 강퍅하던 사람이 온순해집니다. 인간이 얼마나 놀라운 존재인지 모릅니다. 하나만 바뀌면 전부 바뀌게 되어 있습니다. 하나님을 제대로 만나기만 하면, 어떤 과정을 통해서든 하나님이 자기를 사랑하신다는 것을 체험하기만 하면 완전히 바뀌어 버립니다. 마치 귀신이 빠져 나간 사람처럼 얼마나 단정해지고 사랑스러워지는지 모릅니다.

우리가 보기에는 악한 자들보다는 자연이 더 아까운 것 같습니다. 그러나 하나님께서는 인간에게 있는 이 무한한 가능성을 아시기 때문에, 그들을 위해 자신의 손으로 만드신 자연을 아낌 없이 태우시고 말리시고 무너뜨리십니다. 아무리 악하고 무지막지한 사람이라도 하나님만 알면 완전히 변할 수 있다는 것을 아시기 때문에, 그들을 직접 치시지 않고 자연을 치십니다. 산을 치시고, 바다를 치시고, 나무를 치시면서 "나는 니희를 사랑한다. 니희에게는 무한한 가능성이 있다. 나만 제대로 알면 완전히 딴사람이 될 수 있다"고 말씀하십니다.

또 자연이 이렇게 언제든지 무너질 수 있다는 사실을 뒤집어서 생각하면, 우리가 알든 모르든 하나님께서 늘 우리 가까이에서 우리를 지키고 보호하신다는 사실을 알 수 있습니다. 소방수는 24시간 늘 대기하고 있지만, 평소에는 그들의 존재를 별로 의식하지 못하고 지냅니다. 그러다가 화재나 사고가 나면 어떻습니까? 그들의 존재가 얼마나 귀중하고 고마운지 절실하게 깨닫게 됩니다. 그처럼 우리는 자연이 무너지는 모습을 보면서, 하나님께서 평소에 우리를 얼마나 보호하고 계시는지 발견하게 되는 것입니다.

바람은 언제나 회리바람이나 광풍으로 변하고 싶어합니다. 구름은 언제나 폭우가 되어 쏟아지고 싶어하고, 땅은 늘 갈라지고 싶어하며, 산은 늘 폭발하고 싶어합니다. 우리가 살고 있는 세계는 지극히 불안정한 세계입니다. 그런데도 우리가 이렇게 안정되게 살고 있는 것은 하나님께서 자연을 붙들고 계시기 때문입니다. 암세포도 마찬가지입니다. 암세포는 항상 우리 몸에 발생할 준비를 하고 있습니다. 하나님께서 붙들고 계시기 때문에 발생하지 못할 뿐입니다.

우리 인간은 하나님의 도우심과 긍휼이 없이는 단 한 순간도 살 수 없는 연약한 존재들입니다. 아무리 건강에 신경을 쓰고 음식을 가려 먹어도 하나님께서 1초만 손을 놓고 내버려 두시면 당장 멸망할 사람들이에요. 우리가 하루하루 편하고 안전하게 살고 있다는 것 자체가 기적입니다. 우리는 거저 안전하게 사는 줄 알지만, 사실은 하나님께서 24시간 내내 눈을 뜨고 우리 안팎을 지켜 주고 계십니다. 우리는 모두 하나님의 기적적인 은혜 속에서 살고 있습니다. 우리가 하나님의 '하' 자도 모를 때, 예수님의 '예' 자도 모를 때에도, 하나님은 우리를 지켜 주셨습니다. 여러분도 누군가 옆에 있는 것 같은 느낌이 들 때가 있지 않습니까? 누군가 옆에서 부스럭거리며 도와주고 있는 듯한 느낌이 들 때가 있지 않습니까?

그런데도 사람들이 하나님께 감사하지 않고 오히려 교만하게 악을 행할 때 하나님께서는 붙들고 있던 손을 조금 놓으십니다.

그것이 회리바람으로, 기근으로, 화산 폭발로, 지진으로 나타나는 것입니다. 99퍼센트는 여전히 붙들고 계십니다. 1퍼센트만 손을 놓고 내버려 두시는데, 그것이 그렇게 큰 재앙으로 나타나는 거예요. 그것은 경고입니다. "너희 죄가 도저히 참을 수 없는 수준에 도달했다. 그러나 나는 너희를 직접 치는 대신 자연을 치고 있으니, 이제라도 돌아오라"는 경고입니다.

진노 중에 베푸시는 은혜

오늘 본문에는 숨은 그림이 하나 있습니다. 하나님의 백성들은 알 수 있지만 말씀을 모르는 자들은 절대로 알 수 없는 비밀스러운 말씀이 한 가지 있습니다. 그것은 바로 조금 전에 우리가 해석하지 않고 남겨 두었던 말씀입니다. "그는 바다를 꾸짖어 그것을 말리우시며 모든 강을 말리우시나니"(1:4 상).

언제 하나님께서 바다를 말리우셨으며 강을 책망해서 마르게 하셨습니까? 이스라엘 백성들이 출애굽할 때와 가나안 땅에 들어갈 때였습니다. 이스라엘 백성들이 홍해 앞에 섰을 때, 하나님께서 바다를 꾸짖어 마르게 하셨습니다. 하나님께서 꾸짖으시니, 마치 주인의 명령에 벌떡 일어서는 강아지처럼 바다가 발을 들고 벌떡 일어섰습니다. 이 일은 이스라엘 백성들이 요단 강을 건널 때 또 한 번 일어났습니다. 마치 댐이라도 갑자기 생긴 것처럼 강이 위에서부터 끊겨서 차곡차곡 쌓였던 것입니다.

여기에서 우리가 알 수 있는 것이 무엇입니까? 이런 초자연적인 현상은 하나님의 진노를 표현하는 일에만 사용되는 것이 아니라 하나님의 백성들을 건지시는 일에도 사용된다는 것입니다. 하나님께서는 우리를 위해 특별한 길을 준비해 놓으셨습니다. 그것이 바로 홍해 속에 난 길이고 요단 강 속에 난 길입니다.

이 세상의 악한 자들이 아무리 사납게 날뛰어도 하나님께서 그어 놓으신 선을 넘어올 수는 없습니다. 우리를 두렵게 하고 절망시키고 염려하게 만들 수는 있지만, 하나님의 허락 없이 우리를 멸망시킬 수는 없습니다. 악한 자들이 위협하는 소리만 들으면 너무나 무서워서 하루도 못 버틸 것 같습니다. 그러나 믿음의 눈으로 자세히 보면, 하나님께서 그어 놓으신 선이 보입니다. 악한 자들은 절대 그 선을 넘어올 수 없습니다. 그뿐 아니라 우리 앞에 나아갈 길이 없고 먹고 살 길이 없을 때에도 믿음의 눈을 가지고 자세히 들여다보면 바다 속에 나 있는 길이 보입니다. 강 속에 나 있는 고속도로가 보입니다.

어려운 일이나 좋지 않은 일이 생겼을 때 무조건 실망하고 낙담하지 마십시오. '아, 하나님께서 이것을 허락하셨구나. 나에게 이 정도는 이길 믿음이 있다고 보시는구나. 감당치 못할 시험은 주지 않으신다고 했으니 나는 분명히 이 시험을 감당할 수 있을 것이다' 라고 생각하십시오. 우리에게는 언제나 길이 있습니다. 하나님이 따로 마련해 놓으신 길이 있습니다. 그렇기 때문에 '저 사람이 한없이 나를 괴롭히면 어떡할까'를 놓고 염려하거나 '과연 길이 있을까'를 놓고 고민할 필요가 없습니다.

하나님께서는 우리를 물과 불 사이로 통과시키십니다. 한 번은 뜨거운 불에 집어넣었다가, 또 한 번은 차가운 물에 집어넣었다가 하시면서 우리를 연단하십니다. 꼭 명검을 만드는 과정 같습니다. 쇠를 불에 넣어 시뻘겋게 달구었다가 망치로 마구 때린 후 물에 집어넣으면 푸지직푸지직 소리가 나면서 연기가 피어오릅니다. 그렇게 여러 번 단련된 칼은 보통 칼과는 비교가 되지 않는 명검으로 태어납니다. 하나님은 우리를 그런 명검으로 만드십니다. 그러니까 불 속에 빠진 것처럼 어렵고 깊은 물 속에 빠진 것처럼 어려울 때에도 염려할 필요가 없습니다. 그 속에 길이 있습니다. 우리가 진짜 염려해야 할 것은 빠져나갈 길이 있느냐 없느냐가 아니라 '내가 어떻게 하면 이 과정을 잘 거쳐서 명검 같은 사람이 될 것이냐' 하는 것입니다. 악한 물결이 아무리 거세게 밀려와도 우리 앞에서는 딱 멈추게 되어 있습니다. 길이 없는 곳에도 길이 생기게 되어 있습니다. 그러니까 길이 보이지 않는다고 불안해서 펄펄 뛰지 말고, "하나님, 이 과정을 통해 저를 명검으로 만들어 주십시오"라고 기도하십시오. 하나님께서는 그런 과정을 통해 단련된 사람을 사용하십니다.

이런 마음을 가지고 있으면 자신을 괴롭히는 악한 자들을 오히려 불쌍히 여기며, 하나님께서 그들에 대해 오래 참으시는 것처럼 자신도 오래 참을 수 있게 됩니다. 이것은 오직 그리스도인들만 할 수 있는 일입니다. 그리스도인들은 회리바람이 휘몰아치고 산이 녹아내리고 땅이 갈라지는 가운데서도 하나님의 사랑을 감지합니다. 불길이 떨어지고 화산재가 날리는 가운데서도 하나님의 손길을 느끼며 찬양합니다.

사랑하는 여러분, 길은 있습니다. 반드시 있습니다. 그러니 어떤 상황에서도 걱정하지 마십시오.

하나님이 원하시는 것

그렇다면 하나님께서 이처럼 악한 사람들에게 오래 참으시고 자연을 통해서 진노하시는 것을 통해서 우리에게 권면하시는 바가 무엇입니까?

첫째로, 절대로 악과 타협해서 성공할 생각을 하지 말라는 것입니다. 악한 자들의 성공은 굉장히 무서운 유혹입니다. "저것 봐라. 저렇게 쉽게 돈 잘 벌고 잘살 수 있는데 굳이 바르게 살려고 애쓸 필요가 뭐가 있는가? 굳이 손에 기름때 묻혀 가면서, 흙먼지 묻혀 가면서 고생할 필요가 뭐가 있는가?" 그래서 분명한 신앙이 없는 사람은 악이 날뛸 때 전부 그쪽으로 넘어가게 되어 있습니다. 고구마 줄거리 엮이듯이 다 엮여 들어가게 되어 있습니다. 악이 보편화되면 거기 연루되지 않을 사람이 아무도 없습니다. 오직 하나님을 두려워하는 자, 믿음을 가진 자만이 넘어가지 않습니다. 우리는 악한 자가 힘을 합하자고 손을 내밀 때 덥석 잡지 말고 뿌리쳐야 합니다. '나의 길은 따로 있다'는 단호한 태도를 보여 주어야 합니다.

둘째로, 하나님께서는 악한 자가 득세하는 것을 보면서 우리가 부르짖으며 기도하기를 원하십니다. 이른바 품위 있는 신앙인들의 특징은 부르짖지 않는다는 것입니다. 그런 사람들은 큰 소리로 부르짖는 것을 천박하게 생각합니다. 그러나 막상 발등에 불이 떨어지면 아무리 품위 있는 사람도 결국 부르짖지 않을 수 없습니다. 제가 어려움에 빠져 있을 때와 편안할 때의 기도를 비교해 보면 자세부터 얼마나 차이가 나는지 모릅니다. 어려움에 빠졌을 때는 하나님의 다리라도 붙들고 늘어지는 심정으로 온힘을 다해 기도합니다. 자기 전에 기도하고, 아침에 눈뜨자마자 기도하고, 하루에도 몇 번씩 기도합니다. 그러나 편안할 때는 온힘을 다해 기도하지 않습니다. 잘 때도 기도하지 않고, 아침에도 멍한 정신으로 일어납니다. 기도도 품위 있고 점잖게만 하지, 절대 부르짖지 않습니다.

그러나 하나님께서는 우리가 간절히 부르짖으며 기도하기를 원하십니다. 물론 처음에는 당장 발등에 떨어진 어려움을 면하게 해 달라고 기도할 것입니다. 그러나 나중에는 하나님의 더 큰 은혜를 소유하기 위해, 성령의 더 큰 능력을 얻기 위해 기도하게 됩니다. 이것이 하나님께서 원하시는 것입니다. 하나님은 귀한 것을 공짜로 주시지 않습니다. 공짜로 주면 귀한 줄 모르기 때문입니다. 하나님의 말씀을 깨닫고 성령으로 충만해지는 일은 절대 공짜로 얻을 수가 없어요. 그것을 얻으려면 필사적으로, 간절히 구해야 합니다. 우리는 이렇게 간절한 기도를 회복할 필요가 있습니다.

지난번에 어떤 모임을 가 보니 상을 많이 준비해 놓았습니다. 그런데 상을 탈 사람들이 없어서 그 많은 상이 그냥 다 남게 되었습니다. 지금 하나님 앞에서도 똑같은 상황이 벌어지고 있습니다. 굉장히 많은 상을 준비해 놓으셨는데 상 탈 사람이 없어요. 아예 상에 관심을 갖는 사람이 없습니다. 그래서 우리에게 어려움을 주셔서 부르짖게 하시는 것입니다. 처음에는 어려움 자체를 놓고 기도하다가, 결국 더 큰 하나님의 뜻을 구하며 부르짖게 하심으로써 예비해 놓으신 상을 다 주려 하시는 것입니다.

우리는 하나님의 도우심이 없으면 단 한 순간도 정상적인 생활을 할 수 없는 사람들입니다. 사람들은 무언가 특별한 것을 좋아하는데, 사실은 정상적인 것이야말로 얼마나 큰 은혜이고 축복인지 모릅니다. 결국은 이 정상적인 것에 힘이 있습니다. 지속적으로 하나님의 일을 감당할 수 있는 사람은 정상적인 생활을 하는 사람입니다.

하나님께서 우리를 지켜 주신다고 해서 평소에 건강을 관리할 필요도 없고 건강진단을 받을 필요도 없다고 생각해서는 안 됩니다. 우리에게는 그런 노력도 필요합니다. 그러나 하나님의 보호하심에 비하면 내가 노력하고 관리하는 부분은 너무나도 미약합니다. 그렇기 때문에 내 힘으로 산다는 생각을 버리고 전적으로 하나님의 도우심을 간구해야 하는 것입니다.

우리는 악의 세력이 절대적인 권력이나 힘을 휘두르는 것을 볼 때, 주께서 그 악한 세력을 넘어뜨리시도록 깨어서 기도해야 합니다. 기도 말고는 그런 악을 이길 방법이 없습니다. 악의 세력은 우리를 정신차리게 만들며, 깨어 기도하게 만듭니다.

사람들은 자연의 재앙을 보면서도 하나님의 진노를 잘 깨닫지 못합니다. 잠깐은 두려워하는 것 같다가도 그때만 지나면 금세 잊어버립니다. 그러나 우리는 어떻습니까? 진노만 느끼는 것이 아니라 사랑도 느낍니다. 광풍 가운데서, 기근 가운데서 하나님의 은혜를 체험합니다. 우리는 아무리 악이 득세하고 앞이 막막하며 절망스럽다 해도 우리의 길이 따로 마련되어 있다는 것을 압니다. 하나님은 바다를 책망하시는 분이요 강을 책망하시는 분이라는 것을 압니다. 우리를 능력으로 구원하신 하나님께서 이 세상의 삶도 능력으로 살게 하실 것을 압니다.

그러므로 하나님 앞에 나아가 기도합시다. 긍휼을 베푸셔서 저 악한 자들이 하나님을 깨닫고 완전히 변하는 역사가 일어나도록, 아무리 상황이 암울하고 어려워도 믿음으로 불안을 내쫓을 수 있도록, 하나님께서 모든 악을 다스리고 계시며 폭풍과 지진 가운데서도 우리가 나아갈 길을 준비하고 계심을 확신하는 가운데 하나님의 손에 붙들린 예리한 검으로 단련될 수 있도록, 그리하여 하나님의 뜻을 이루어 드리는 위대한 삶을 살 수 있도록 간절히 기도합시다.

하나님을 대적하는 자 3

1:6 누가 능히 그 분노하신 앞에 서며 누가 능히 그 진노를 감당하랴?
그 진노를 불처럼 쏟으시니 그를 인하여 바위들이 깨어지는도다.
7 여호와는 선하시며 환난 날에 산성이시라.
그는 자기에게 의뢰하는 자들을 아시느니라.
8 그가 범람한 물로 그곳을 진멸하시고 자기 대적들을 흑암으로 쫓아내시리라.
9 너희가 여호와를 대하여 무엇을 꾀하느냐?
그가 온전히 멸하시리니 재난이 다시 일어나지 아니하리라.
10 가시덤불같이 엉크러졌고 술을 마신 것같이 취한 그들이 마른 지푸라기같이
다 탈 것이어늘
11 여호와께 악을 꾀하는 한 사람이 너희 중에서 나와서 사특한 것을 권하는도다.

1:6-11

겁 많은 여자아이들이 사는 집 앞에 아주 크고 무서운 개를 키우는 집이 있었습니다. 아이들이 그 개를 무서워하면서도 학교에도 가고 심부름도 갈 수 있었던 것은 그나마 개가 늘 쇠사슬에 매여 있는 덕분이었습니다. 그런데 어느 날 밖에 나가 놀려고 대문 밖을 내다보니 이 개가 쇠사슬을 풀고 집 주위를 어슬렁거리고 있다고 합시다. 아마 아이들은 너무나 무서워서 나갈 엄두도 내지 못한 채 문을 굳게 잠가 놓고, 누군가 이 개를 다시 묶어 놓을 때까지 절대 집 밖으로 나오지 않을 것입니다.

우리가 사는 세상에는 수많은 악의 세력들이 있습니다. 회칼을 들고 패싸움을 벌이는 깡패들도 있고, 속임수로 남의 돈을 갈취하는 사기꾼들도 있으며, 여자들을 납치해서 팔아넘기는 인신매매범들도 있습니다. 그럼에도 불구하고 우리가 하루하루 정상적인 생활을 할 수 있는 것은 이 악의 세력이 쇠사슬에 결박되어 우리에게 직접적인 피해를 주지 않기 때문입니다. 아무리 악한 자들이 많아도 나와 직접 부딪치지 않을 때에는 쇠사슬에 묶여 있는 사나운 개나 우리 안에 갇혀 있는 맹수와 같습니다. 그런데 이 사나운 개나 맹수가 쇠사슬을 풀고 돌아다닐 때가 있습니다. 우리를 뚫고 나와서 돌아다닐 때가 있습니다. 그냥 돌아다니는 정도가 아니라 우리를 적극적으로 공격해서 물어뜯고, 올라타서 죽이려고 할 때가 있습니다.

언제 그렇습니까? 우선 개인이 악의 세력에 걸려드는 경우를 생각할 수 있습니다. 예를 들어 가족 중에 한 사람이 사업을 하다가 사기꾼에게 걸려들었다고 합시다. 그러면 꼼짝없이 괴롭힘을 당할 수밖에 없습니다. 물론 경찰이나 법의 도움을 청할 수도 있겠지만 실제적으로는 도움이 되지 않을 때가 더 많습니다. 그러면 무한정 고통을 당할 수밖에 없는 것입니다.

그러나 이보다 더 심각한 것은 나라 전체가 악의 세력에 걸려드는 경우입니다. 일본 군국주의 시대나 나치 시대 때는 정권 자체가 악의 세력이었습니다. 미친 짐승들이 정권을 잡고 있었어요. 그 앞에서 개인의 신앙이나 양심은 전혀 보호받을 수가 없었습니다. 요즘도 북한에서는 그리스도인들이 발각되면 처형당한다고 하는데, 그럴 경우 그리스도인들이 할 수 있는 일은 악에게 항복을 하든지 끝까지 믿음으로 싸우든지 둘 중에 하나뿐입니다. 요즘 우리나라는 악의 세력에 걸려들었다고까지는 말할 수 없지만, 그와 비슷한 상황에 처해 있다고 할 수 있습니다. 여기저기에서 기업들이 도산하고 부도 날 위험에 처해 있으며, 청년 실업자의 수가 크게 늘고 있습니다.

이처럼 악의 세력이 제멋대로 날뛸 때, 사나운 짐승이 쇠사슬을 풀고 마구 돌아다닐 때, 맹수가 우리에서 탈출하여 으르렁거릴 때, 나한테 덤벼들어 인정사정 없이 물어뜯을 때 드는 생각이 무엇입니까? '하나님을 믿는다는 것이 대체 무슨 소용이 있을까? 이럴 때에는 힘이 없는 진리보다 힘을 가진 악이 더 낫지 않을까? 믿음으로 살아 보겠다고 고집하다가 맥없이 당하느니, 방법은 좀 옳지 않더라도 힘을 키워서 자신을 지키는 편이 더 현명하지 않을까?' 하는 것입니다. 신앙은 둘째 치고, 일단 세상에 적응해서 살고 보자는 이런 마음은 무서운 유혹이 됩니다.

나훔 선지자가 예언하던 당시, 이스라엘과 유다의 상황이 바로 그러했습니다. 하나님께서는 앗수르라는 미친 개를 한 마리 풀어 놓으셨습니다. 이스라엘은 그 미친 개에게 물려서 아주 망해 버렸고, 유다는 여기저기 물어 뜯겨서 만신창이가 되었습니다. 아직 완전히 죽은 것은 아니지만 중상을 입고 겨우 목숨만 부지하고 있는 상태였습니다. 그래서 유다 백성들도 '이런 앗수르 앞에서 나의 기도가 무슨 소용이 있으며 나의 믿음이 무슨 소용이 있는가? 그냥 나도 갈 데까지 가 보자' 하며 자포자기할 상황에 처해 있었습니다.

그때 나훔 선지자가 이야기한 것이 무엇입니까? 앗수르는 하나님의 상대가 못 된다는 것입니다. "하나님께서 한번 진노하시면 앗수르는 다시 일어서지 못한다. 그러므로 택한 백성들은 절망적인 상황에서 더 하나님을 의지해야 하며, 절대로 신앙적으로 곁눈질해서는 안 된다. 하나님을 철저하게 신뢰해서 이 어려움을 꼭 이겨내야 한다"는 것입니다.

악한 자들은 하나님을 이길 수 없다

악의 세력은 양심의 소리나 하나님의 존재를 두려워하지 않습니다. 모든 사람들이 악한 생각을 가지고 있고 악한 충동을 느끼면서도 그것을 행동에 옮기지 못하는 것은 양심이 있기 때문이고, 막연하나마 하나님을 두려워하는 마음이 있기 때문입니다. 그러나 악한 자는 하나님을 두려워하지 않을 뿐 아니라 오히려 하나님을 조롱하며 대적하기를 기뻐합니다. 그러니 그런 자들이 다른 사람들의 말이라고 두려워하겠습니까? 그들은 누가 뭐라고 해도 눈 하나 깜짝 않고 제멋대로 죄를 짓습니다.

이런 사람을 만났을 때 하나님의 백성이 느끼는 것은 무력감입니다. '이 사람과는 도무지 말이 통하지 않는구나. 이제 내가 할 수 있는 일은 아무것도 없구나. 사정을 해서 피해를 줄인다거나 대화를 통해 이 사람의 마음을 바꾼다는 것은 전혀 불가능한 일이구나' 라는 절망감입니다. 이런 사람들을 굴복시키려면 물리적인 힘이 있어야 하는데, 하나님의 백성에게 그런 힘이 어디 있습니까? 하나님의 백성이 가진 것이라고는 입밖에 없습니다. 말로 사정해서 알아들으면 다행이지만, 말이 통하지 않으면 어찌해 볼 도리가 없는 것입니다.

그러나 성경이 말씀하는 것이 무엇입니까? 이렇게 말이 안 통하는 악한 사람들도 하나님 앞에서는 꼼짝하지 못한다는 것입니다. "누가 능히 그 분노하신 앞에 서며 누가 능히 그 진노를 감당하랴? 그 진노를 불처럼 쏟으시니 그를 인하여 바위들이 깨어지는도다"(1:6).

하나님이 한번 진노하시면 어떻게 됩니까? 바위들이 깨져 버립니다. 바위는 구멍을 뚫고 다이너마이트를 넣어 폭파시키든지, 화산이 폭발하든지, 벼락이 떨어지지 않는 한 깨지지 않습니다. 그런데 하나님의 진노가 바위를 깨뜨릴 정도로 강력하게 임한다는 것입니다. 아무리 미친 개라 한들 다이너마이트가 터지고 화산이 폭발하고 뇌성이 울리는 듯한 진노 앞에 감히 어떻게 대적할 수 있겠습니까?

악한 자들은 무서워하는 게 없습니다. 누구에게나 대들고 누구에게나 주먹질을 합니다. 그러나 하나님께는 감히 그렇게 하지 못합니다. 그 진노가 너무나도 무섭기 때문입니다. 화산이 폭발하면 어떻게 됩니까? 엄청난 불길이 치솟아 오르고, 화산재가 온 하늘을 뒤덮으며, 용암이 바위를 깨뜨리고 흘러내립니다. 그 앞에 버티고 서서 "화산아, 폭발하고 싶으면 폭발해라. 용암아, 흘러내리고 싶으면 흘러내려라" 하고 큰소리칠 자가 어디 있겠습니까? 사나운 개가 연약한 여자아이들 앞에서나 성질을 부리고 으르렁거리지, 화산이 폭발하고 천둥 번개가 치는 곳에서도 성질을 부리겠습니까? 아마 꼬리를 감추고 구석에 숨어서 고개조차 내밀지 못할 것입니다. 원래 악한 자들은 자기보다 힘없는 사람들에게나 큰소리를 치고 악을 행하지, 자기보다 강한 자가 나타나면 걸음아 날 살려라 도망치는 법입니다.

오늘 성경이 말씀하는 것이 무엇입니까? 아무리 악한 자가 날뛰고 상황이 절망적이라고 해도 하나님께서 이 모든 사정을 알고 계시며 통제하실 수 있다는 것입니다. 하나님이 한 번만 소리를 발하시면 아무리 악한 자라도 꼬리를 내리고 도망칠 수밖에 없다는 것입니다. 모든 상황이 단번에 뒤집혀 버린다는 것입니다.

끝까지 하나님을 바라보라

하나님께서는 우리에게 어떤 어려움이 왔다 하더라도, 어떤 절망적인 상황이 닥쳤다 하더라도, 악의 세력이 권력을 잡고 온갖 못된 짓을 다 한다 하더라도, 끝까지 하나님을 바라보며 의지하기를 원하십니다. 왜 의지해야 합니까? 7절에 그 이유가 나와 있습니다. "여호와는 선하시며 환난 날에 산성이시라. 그는 자기에게 의뢰하는 자들을 아시느니라."

하나님께서는 모든 사람을 똑같이 대하시지 않습니다. 악한 자들은 한없이 무섭게 대하시지만, 하나님을 의지하는 자들은 한없이 선하고 인자하게 대하십니다. 여기에서 "선하시며"라는 것은 '좋다'는 뜻입니다. 하나님은 환난 중에 자신을 의지하는 자에게 그렇게 좋을 수가 없는 분이십니다. 하나님은 그들의 산성이 되어 주십니다. 시련이 오기 시작하면 한 가지만 오지 않습니다. 두 가지, 세 가지 계속해서 밀어닥칩니다. 그런데 이상하게도 '아이고, 나는 죽었다' 하는 순간에 딱 멈추는 것을 볼 수 있습니다. 일정한 선을 넘어오질 못해요. 한 발자국만 더 밀려 들어오면 완전히 절망에 빠질 텐데, 그 직전에서 딱 멈추어 섭니다. 왜 그렇습니까? 여호와께서 나의 산성이 되어 막아 주시기 때문입니다.

또 "그는 자기에게 의뢰하는 자를 아시느니라"고 말씀하고 있습니다. 여기에서 안다는 것은 특별한 방식으로 대하신다는 뜻입니다. 예를 들어 남편이 아내를 안다는 것과 동네 아줌마를 안다는 것은 완전히 다른 이야기입니다. 동네 아줌마를 안다는 것은 이 동네에 그런 사람이 산다는 것 정도를 안다는 뜻이지만, 아내를 안다는 것은 그런 뜻이 아닙니다. 예를 들어 자기 동네에서 큰 사고가 났다고 합시다. 그럴 때 남편이 직장에서 텔레비전만 보고 앉아 있겠습니까? 아마 그 소식을 듣자마자 택시를 잡아타고 집으로 달려갈 것입니다. 직접 달려가서 아내의 안전을 확인하기 전까지는 어떤 일도 손에 잡지 못할 것입니다. 그것이 아는 것입니다. 하나님께서는 어려울 때 자기를 의뢰하는 자를 알고 계시며 특별하게 관리해 주십니다. 그의 모든 것을 체크하셔서 어떤 어려움도 치명적인 손상이나 상처를 주지 못하도록 지켜 주십니다.

오늘 본문이 말씀하는 것이 무엇입니까? 환난의 때가 오면 사람들의 본심이 드러난다는 것입니다. 평안할 때는 누구나 신앙생활 잘 할 수 있습니다. 그러나 그 사람의 본심은 큰 어려움을 당했을 때, 악의 세력이 권력을 잡았을 때 드러나게 되어 있습니다. 하나님을 참으로 사랑하는 자는 그럴 때 어디로 도망칩니까? 하나님께로 도망칩니다. 그렇다면 하나님이 계신 곳은 어디입니까? 눈에 보이는 교회 건물입니까? 아닙니다. 하나님의 말씀을 신실하게 사랑하는 성도들의 공동체입니다. 거기에 가서 도움을 청하는 것이 여호와를 의뢰하는 것입니다. 거기에 하나님이 계시기 때문입니다. 거기에서 하나님의 음성을 들을 수 있기 때문입니다. 하나님께서 불꽃 같은 눈으로 거기 속한 사람들을 지켜보고 계시기 때문입니다.

그런데 하나님을 사랑하지 않으면서 신앙생활 하던 사람들은 어려움이 올 때 공동체를 귀찮아하고 점점 더 멀리합니다. 공동체를 버리고 혼자 살 길을 찾아나섭니다. 힘없는 그 사람들 말고 현실적으로 자기를 도와줄 수 있는 사람을 찾아갑니다. 돈이 있든지, 연줄이 있는 사람을 의뢰합니다. 그러나 그것은 굉장히 위험한 일입니다. 8절을 보십시오. "그가 범람한 물로 그곳을 진멸하시고 자기 대적들을 흑암으로 쫓아내시리라."

개인적으로나 국가적으로나 사회적으로 큰 어려움이 닥치는 것은 마치 물이 범람해서 공격해 오는 것과 같습니다. 물이 범람해서 공격해 오면 웬만한 수영 실력으로는 헤어나올 수가 없습니다. 일단 홍수가 나면 안전한 곳으로 피할 생각을 해야지, 자기 수영 실력을 믿고 덤벼들거나 판자 조각이나 붙들고 버티려 들면 안 됩니다.

우리가 알아야 할 것이 무엇입니까? 이렇게 악이 활동하고 세력을 부릴 때야말로 심판의 때이며, 사람들의 중심을 달아 보시는 때라는 것입니다. 악을 싹쓸이하시려고 그 고삐를 풀어서 활동하게 하시는 때라는 것입니다. 악이 날뛰면 곧이어 하나님의 엄청난 심판이 임하게 되어 있습니다. 그렇기 때문에 악이 가까이에서 활동할 때는 혼자 동분서주하면 안 됩니다. 그러면 이길 수가 없어요. 그럴 때 고작 수영장 몇 번 왔다 갔다 한 실력으로 혼자 해결하려 들면 안 됩니다. 빨리 안전한 곳으로 도망쳐야 합니다. 그 안전한 곳이 어디입니까? 신실하게 말씀을 붙드는 성도들의 모임입니다. 거기로 도망치면 홍수가 범람해도 덮치지 못할 것이라고 하나님은 약속하고 계십니다.

그런데 어리석은 사람들은 어려움이 올수록 교회를 멀리합니다. 교회에 가도 별 뾰족한 수가 없다고 생각하기 때문입니다. 교회에는 나를 현실적으로 도와줄 힘을 가진 사람이 없습니다. 또 기도하고 말씀 듣다 보면 갈등만 더 생깁니다. 기껏 일주일 동안 고민해서 결론을 내렸는데, 교회 와서 설교 들어 보면 그게 아니라고 하니까 더 헷갈리기만 해요. 그래서 자기 힘으로 해결해 보려고 세상 속으로 점점 더 깊이 들어가는데, 그것은 범람하는 물

속에 혼자 뛰어드는 것만큼이나 어리석은 짓입니다.

지금 이 시대는 하나님께서 모든 사람을 시험하고 계시는 굉장히 무서운 시대입니다. 어떤 의미에서는 일제 때보다, 나치 때보다 더 무서운 시대입니다. 한편으로는 평안한 것처럼 보여도, 또 한편으로는 경제적인 어려움과 정치적·사회적 혼란, 음란한 문화가 홍수처럼 범람하고 있습니다. 이럴 때 나 혼자서라도 살아야겠다는 생각으로 세상으로 뛰어들면 100퍼센트 실패하게 되어 있습니다. 그럴 때는 자기 수영 실력을 믿고 덤벼들 게 아니라 하나님의 음성을 들을 수 있는 곳을 빨리 찾아가야 합니다. 말씀이 살아있는 신실한 공동체, 기도의 능력이 있고 성령이 역사하는 공동체를 찾아서 거기로 도망쳐야 합니다. 그렇게 못하면 죽는 거예요. 무슨 수를 써서라도 그런 곳을 찾아서 피해야 합니다. 거기에 성령의 능력이 있고, 문제 해결의 열쇠가 있고, 하나님의 빛이 있습니다. 이스라엘 백성들이 애굽을 탈출할 때 본 것이 무엇입니까? 바로 이 빛입니다. 애굽 군대가 있는 곳은 깊은 어두움에 빠져 있었던 반면에, 이스라엘이 있는 곳은 하나님의 빛으로 환하게 밝혀져 있었습니다.

나훔 선지자는 "자기 대적들을 흑암으로 쫓아내시리라"고 말하고 있습니다. 그것은 대적들을 깨닫지 못하게 만들어서 전부 멸망시키신다는 뜻입니다. 하나님께서는 멸망시키기로 작정한 자들에게서 정상적인 분별력을 빼앗아 가십니다. 상식만 있으면 분명히 깨달을 수 있는 것들을 깨닫지 못하게 하심으로써 갈 데까지 가게 하십니다. 그리고 심판하십니다.

제가 앞에서 오늘 말씀에 숨은 그림이 하나 있다고 했는데, 그것이 무엇일까요? 악이 날뛰고 있을 때, 가치관이 무너지고 있을 때, 미래의 소망이 없을 때 피할 수 있는 산성의 그림입니다. 거듭 말하지만 그 산성은 하나님의 말씀을 붙드는 자들이 모여 있는 신앙의 공동체입니다. 물론 얼핏 생각하면 그리로 가는 것이 어리석어 보일 수도 있습니다. 그 공동체에는 하나같이 힘없는 사람들만 모여 있기 때문입니다. 그런 사람들이 아무리 많이 모인들 별 뾰족한 수가 나올 리 없습니다. 그러나 그렇게 무력하기 때문에 그들은 기도합니다. 그러면 하나님께서 큰 날개로 그들을 덮어 모든 악에서 지켜 주십니다. 순간순간 위험에서 보호해 주십니다.

이 날개가 중요한 것입니다. 이 날개로 딱 덮어 버리시면 마귀가 아무리 불화살을 날려도 머리카락 하나 해칠 수 없습니다. 그러나 자기 혼자 살려고 하는 사람, 하나님께 매여 있던 줄을 끊어 버리고 혼자 도망치려고 하는 사람은 결국 범람하는 물에 휩쓸려 죽게 되어 있습니다.

우리는 그 예를 사도행전에서 찾아볼 수 있습니다. 초대교회 교인들은 예루살렘 당국자들의 위협을 받고 있었습니다. 그들은 사도들을 붙잡아 심문하면서, 다시는 예수의 이름으로 복음을 전하지 말라고 명령했습니다. 그때 그들이 어떻게 했습니까? 흩어지지 않고 모여서 기도했습니다. 그러자 성령이 충만하게 임하셨는데, 그 임하심이 얼마나 강력했던지 모인 곳이 진동했습니다. 바로 이것입니다. 우리는 어려움이 올수록 신실한 성도들과 함께 모여야 합니다. 그곳에 우리를 살리시는 하나님의 능력이 있기 때문입니다. 편하게 믿는 것이 당장은 현명해 보일지 몰라도 사실은 절대 현명한 것이 아닙니다. 그런 이기적인 생각으로는 위기를 이길 수가 없습니다.

구약 에스더서를 보면, 하만이라는 사람이 모르드개를 미워해서 유다 백성을 멸절할 계획을 세우는 이야기가 나옵니다. 그는 완벽한 계획을 세워 놓고 아하수에로 왕의 도장까지 받아 놓았습니다. 일단 그 도장이 찍히면 아무도 취소할 수 없었기 때문에 유다 백성들은 목숨은 붙어 있으되 실상은 죽은 것이나 다름이 없었습니다. 그때 모르드개가 에스더를 찾아가서 말했습니다. "너 혼자 이 어려움을 피할 수 있을 것으로 생각지 마라. 네가 유대인이라는 사실을 속이고 혼자 살려 들면, 하나님은 우리를 다른 방법으로 살리실 것이요 너는 죽을 것이다. 네가 사는 방법은 우리와 하나가 되는 것이다."

어떻게 보면 하만과 모르드개의 갈등은 에스더와 아무 상관이 없는 문제 같습니다. 그런 일에 괜히 나섰다가 왕의 심기를 불편하게 만들면 한순간에 모든 부귀영화를 잃을 수도 있었습니다. 그러나 모르드개는 에스더에게 이 문제를 피하려 하지 말고 정면으로 대응하여 자신이 책임질 일이 무엇인지 생각하라고 말했습니다. '어떻게 하면 나 혼자 이 어려움을 모면할까?'를 생각하지 말고 '혹시 내가 살아온 것이 바로 이 순간을 위함은 아닐까?'라고 생각하라고 했습니다. 그때 에스더가 한 말이 무엇입니까? "죽으면 죽으리이다"라는 것입니다. 아마 에스더의 마음속에도 혼자 살고 싶은 유혹이 있었을 것입니다. 그러나 그는 유다 백성들과 운명을 같이하기로 결심했습니다. 결국 그 결심이 에스더 자신도 살리고 유다 백성도 살린 것입니다.

오늘날은 굉장히 심한 환난의 때입니다. 겉으로는 평안한 것 같지만, 영적으로는 철저한 어두움의 때입니다. 경제와 정치는 혼란에 빠져 있고, 젊은이들에게는 미래가 없으며, 가치관은 무너지고 있고, 음란한 물결은 강같이 밀려들고 있습니다. 개인의 힘으로는 절대 여기에서 헤어나올 수 없습니다. 내로라 하는 사람들도 우후 죽순처럼 쓰러지고 있고 타락하고 있습니다. 이럴 때 공부 좀 더 해서 토익 점수나 올리고, 장학금이나 타서 살아남으려고 하는 것은 어리석은 짓입니다. 여기에서 살아남을 있는 길은 단 하나뿐입니다. 하나님을 붙드는 신실한 무리들을 찾아가서 밧줄로 나를 그들에게 묶는 것 말고는 다른 길이 없어요. 말씀이 있는 공동체에 하나님의 눈이 있고 날개가 있고 응답이 있습니다. 오직 그곳에만 악을 이기고 사탄의 역사를 물리치는 능력이 있습니다.

무너지는 하나님의 원수들

악한 자들은 어떻게 해서든지 이 세상의 빛을 없애려고 합니다. 마귀의 목적은 그 빛을 내보내는 하나님의 신실한 백성들을 죽이는 것, 즉 신실한 교회를 없애는 것입니다. 이에 대해 하나님은 무엇이라고 말씀하십니까? "너희가 여호와를 대하여 무엇을 꾀하느냐? 그가 온전히 멸하시리니 재난이 다시 일어나지 아니하리라" (1:9).

하나님께서는 니느웨 백성들에게 "너희가 지금 세우고 있는 계획이 무엇이냐? 그 계획은 오히려 너희를 망하게 만들 것이다"라고 말씀하고 계십니다. 11절도 보십시오. "여호와께 악을 꾀하는 한 사람이 너희 중에서 나와서 사특한 것을 권하는도다."

악한 마귀가 노리는 것은 딱 하나밖에 없습니다. 그것은 하나님의 백성들을 이 세상에서 완전히 멸절시키는 것입니다. 마귀는 우리를 조금 건드리다가 물러갈 생각이 전혀 없습니다. 마귀는 우리를 완전히 죽이고 싶어합니다. 세상에서 아주 멸절시키고 싶어합니다. 신실하게 하나님을 섬기는 교회, 성령이 역사하는 교회를 없애 버리는 것이 마귀의 목적입니다. 그렇기 때문에 중간지대란 있을 수가 없습니다. 하나님도 좀 섬기고 세상과도 좀 친하게 지내는 일은 있을 수가 없어요. 마귀는 신앙을 포기시키든지, 아니면 그 사람 자체를 완전히 없애 버리든지 양단간에 결단을 내리고 작심하고 있습니다. 마귀는 절대 적당한 선에서 타협하지 않습니다. 그 이유가 무엇입니까? 하나님의 백성들에 대한 열등감 때문입니다.

　마귀와 그 자녀들은 세상의 모든 것을 가지고 있습니다. 돈도 가지고 있고, 권력도 가지고 있고, 건강도 가지고 있고, 호화스러운 것들도 다 누리고 있습니다. 그런데 하나님의 백성에게는 그들이 가지지 못한 한 가지 중요한 것이 있습니다. 그것은 존귀함입니다. 하나님의 백성은 돈도 없고, 지위도 없고, 아무것도 없습니다. 그런데도 그렇게 존귀할 수가 없습니다. 마귀는 그것을 시기하고 질투합니다. 세상 사람들은 마귀가 가진 돈과 권력 앞에 벌벌 기면서 온갖 아부를 다 하며 섬기지만 하나님의 백성들은 오히려 마귀의 세력을 경멸합니다. 말은 하지 않지만 우습게 여기는 눈치가 역력합니다. 그러니 아무리 돈이 많고 권력이 있다 한들 무슨 소용이 있겠습니까? 하나님의 백성들은 그것에 구애치 않고 당당하게 나옵니다. 돈으로 좀 협상해 보려고 하면 '아이고, 우습네. 돈이 뭐 대단한 거라고' 하는 식으로 당당하게 나오니까 죽이고 싶은 것입니다.

　성도들이 비굴하게 아첨하고 타협하고 굽실거리면 마귀가 굳이 공격할 이유가 없습니다. 그러나 성도들은 아무리 많은 돈과 큰 권력 앞에서도 절대 고개를 숙이지 않습니다. 성도들은 하나님의 영광을 본 사람들입니다. 영원히 없어지지 않을 하나님의 영광을 본 사람들입니다. 그 영광 앞에서 마귀가 하는 수작을 보면 가소로울 수밖에 없습니다. 아무것도 아닌 돈이나 권력으로 과시하고 큰소리치고 협박하는 것이 얼마나 우습게 보이는지 몰라요. 그래서 마귀가 하나님의 백성들을 시기하는 것입니다.

마귀는 한때 천사장으로서 하늘에 있는 영광을 맛보았습니다. 그러나 그 후에 타락하여 작정된 멸망을 향해 나아가게 되었습니다. 그런데 우리 성도들은 어떻습니까? 보잘것없는 티끌에 불과합니다. 힘도 없고, 돈도 없고, 지식도 없고, 건강도 좋지 못한 사람들이 대부분입니다. 그런데 그들 가운데 하나님의 영광이 있고 존귀함이 있는 것입니다. 마귀와는 정반대로 하나님의 영원한 축복을 전부 다 받아 누리도록 작정되어 있는 것입니다. 마귀는 그 사실을 알고 있습니다. 자기는 천사였는데도 모든 것을 다 빼앗기고 멸망으로 나아가고 있는데, 이 티끌들이 대체 뭐라고 하나님의 모든 영광과 축복을 다 가지려 하는 것입니까? 마귀는 신경질이 날 수밖에 없고 속이 뒤틀릴 수밖에 없습니다. 그래서 할 수 있으면 세상에 있는 모든 성도들을 죽이려 하고, 신실한 교회를 없애려 하는 것입니다. 그냥 좀 괴롭히다가 말려고 하는 게 아니에요. 아예 씨를 말리려 하는 것입니다.

하만을 보십시오. 그가 페르시아 제국의 2인자 자리에 오르기까지 얼마나 많은 노력을 하고, 얼마나 많은 경쟁자를 물리쳤겠습니까? 사람들은 그가 마치 신이라도 되는 양 그 앞에서 절을 하고 굽실거렸습니다. 그런데 유독 모르드개만 절을 하지 않는 것입니다. 아니, 절만 하지 않는 것이 아니라 아예 무시하고 경멸하는 것입니다. 하만은 잠도 이루지 못할 정도로 그를 죽이고 싶어했습니다. 악한 자의 특징은 교만입니다. 악한 자는 남들에게 거의 신앙에 가까운 아첨과 존경을 받고 싶어합니다. 그러나 하나님의 백성들은 그런 사람에게 아첨하지 않습니다. 그의 악한 정체를 알기 때문에 오히려 무시하고 경멸합니다. 그래서 이들을 죽이고 싶어 하는 것입니다.

그러나 악한 자가 하나님의 백성들을 진멸하려고 계획한 날이야말로 악한 자 자신의 제삿날입니다. 유다 백성을 전부 죽이려 했던 바로 그날, 하만은 자신이 마련해 둔 장대에 매달려 죽었고, 유다 백성의 원수들도 다 죽임을 당했습니다. 히스기야 왕 때 앗수르 사람들 역시 예루살렘을 멸절시키려 한 바로 그날, 천사의 손에 185,000명이 떼죽음을 당했습니다.

하나님께서는 악을 그냥 심판하지 않으십니다. 충분히 무르익게 한 다음, 한순간에 무너뜨리십니다. 악이 충분히 무르익은 때란 세상 모두가 악의 편을 들어 아부하고 충성을 바치는 때, 악이 유일하게 반대편에 서 있는 하나님의 백성들을 멸절시키려고 작정한 때입니다. 그때가 이르면 끝까지 하나님을 의지한 사람들만이 살아남아 하나님께 찬송을 드리게 됩니다. 그들은 전심으로 찬송을 드립니다. 죽음 직전에서 살아났기 때문에, 멸망 직전에서 승리했기 때문에 자기 속에 있는 모든 것을 동원해서 하나님을 찬양합니다. 허파까지, 간까지, 쓸개까지 전부 동원해서 하나님을 찬양합니다. 그것은 아무도 흉내낼 수 없는 노래입니다. 이것이 하나님 편에 서서 끝까지 믿음을 지킨 자들에게 주시는 축복입니다. 절망적인 상황에서 끝까지 하나님을 신뢰한 사람들, 말씀을 붙드는 공동체와 끝까지 함께한 사람들에게 주시는 특권입니다.

10절을 보면 악한 자들의 종말을 세 가지 비유로 말씀하고 있습니다. "가시덤불같이 엉클어졌고 술을 마신 것같이 취한 그들이 마른 지푸라기같이 다 탈 것이어늘."

가시덤불같이 엉클어진다는 것이 무엇입니까? 문제를 풀 수 있는 실마리가 보이지 않는다는 것입니다. 가시덤불이 엉클어지면 아무도 풀어 낼 수가 없습니다. 다 태워 버리고 다시 시작하는 수밖에 없습니다. 또 술을 마신 것같이 취했다는 것은 방향감각을 잃어버리고 힘을 내지 못한다는 뜻입니다. 처음에는 신이라도 된 양 권력을 휘두르던 사람도 종말의 때가 오면 술 취한 자들처럼 분별력을 잃고 비틀거리게 됩니다. 그래서 결국은 마른 지푸라기처럼 타서 없어지는데, 아예 흔적도 없이 타서 없어져 버립니다.

이 순간을 주의해서 봐야 합니다. 악한 자들이 잘 나가는 것 같다가도 어느 때부터 엉클어지기 시작하는 순간이 있습니다. 내부적인 갈등과 모순이 생기기 시작하는 순간이 있습니다. 그것이 모든 혼란의 출발점입니다. 그때부터 일이 점점 꼬이면서 실마리가 풀리지 않고 힘이 슬슬 빠지기 시작하며, 권력의 누수현상이 나타나기 시작합니다. 사람들이 점점 말을 듣지 않습니다. 그러다가 한순간에 소멸해서 사라져 버립니다.

그러나 어렵고 절망적일 때, 미래가 보이지 않는 암울한 때, 주의 백성들과 함께하면서 말씀을 지킨 자들에게는 마치 실타래가 풀리듯이 문제가 술술 풀리기 시작합니다. 일이 되어가기 시작하고 힘이 생기기 시작합니다. 전에는 이것도 못할 것 같고 저것도 못할 것 같았습니다. 그런데 하나님이 자꾸 자신감을 주시면서 "한번 해 봐라" 하시는 것입니다. 그래서 해 보면 됩니다. 또 "저것도 한번 해 봐라" 하셔서 해 보면 됩니다. 그러다가 마치 독수리가 날개 치며 올라가듯이 한순간에 하늘로 비상합니다. 사람들이 깜짝 놀라요. "어제까지만 해도 방구석에서 빌빌거리더니 이게 어떻게 된 일이지?" 하면서 놀랍니다.

왜 세상에 이런 혼란이 생기고, 질병이 생기고, 어려움이 생깁니까? 그 책임은 우리에게 있습니다. 하나님께서 진리를 주시고 말씀을 주실 때 마음과 뜻과 정성과 힘을 다해서 사랑해야 하는데 그렇게 하지 않은 것입니다. 우리가 하나님께 "저는 돈과 진리를 바꾸지 않겠습니다. 명예와 진리를 바꾸지 않겠습니다. 무슨 일이 있더라도 하나님이 주신 진리를 굳게굳게 지키겠습니다"라고 해야 마귀가 결박되는데, 좀 먹고살 만하다고 해서 말씀은 뒷전으로 밀어놓은 채 사람 만나는 재미, 먹는 재미, 사는 재미를 찾아다닌 것이 문제인 것입니다. 그러면 사나운 짐승이 쇠사슬을 풀고 돌아다니게 되고, 맹수가 우리에서 탈출해서 어슬렁거리게 됩니다.

그러므로 세상의 모든 어려움을 해결하는 방법은 다시 하나님의 말씀으로 진실하게 돌아가는 것입니다. 누가 무슨 소리를 해도, "이 바보 멍청아, 성경을 판다고 뭐가 나오냐" 하면서 비웃어도 신실하게 하나님의 말씀을 붙드는 것입니다. 그러면 마귀의 목에 저절로 쇠사슬이 철커덕 잠기게 되어 있고, 미친 짐승이 우리에 다시 갇히게 되어 있습니다.

청교도 시대 때, 사람들이 하나님을 믿는다고 하면서도 말씀을 소홀히 하자, 로저스라는 목사님이 하나님의 음성과 교인의 음성을 번갈아 흉내내며 이렇게 설교했습니다.

"내가 너희에게 성경을 주었는데 너희가 이렇게 무시하니 다시 빼앗아 가겠다."

"절대 안 됩니다! 차라리 우리 재산을 가져가십시오. 사회적인 지위를 가져가십시오. 집을 가져가십시오. 목숨을 가져가십시오.

그러나 당신의 말씀만큼은 절대로 거두어 가지 마십시오."

이 설교가 선포되자 교인들 가운데 큰 역사가 일어났습니다. '우리가 믿는다고 했지만 사실은 얼마나 천박하게 믿었는가. 얼마나 간사하게 믿었는가. 하나님께서 이렇게 중요한 말씀을 주셨는데 우리는 바람난 여자처럼 세상을 돌아다녔구나' 하는 큰 각성이 일어났습니다. 그 설교를 들은 청년 중 한 사람은 예배가 끝난 후 집에 돌아가기 위해 말에 올라탔다가, 그 목을 끌어안고 큰 통곡을 터뜨렸습니다. 그 사람이 바로 17세기의 유명한 청교도 목사 리처드 백스터입니다.

남북간에 전쟁이 일어나지 않게 하려면 말씀을 붙들어야 합니다. 사창가를 없애고, 술집을 없애고, 음란한 문화를 없애려면 말씀에 진실해져야 합니다. 하나님이 한 번만 소리를 발하시면 어떤 상황이든 단번에 뒤집힐 수 있습니다. 그런데 우리가 그것을 모르고 너무나도 가볍게 세상과 하나님 사이를 왔다 갔다 하면서 헤매니까, 미친 개가 쇠사슬을 풀고 뛰쳐나와 사람들을 물고 돌아다니는 것입니다. 사람이 얼마나 어리석은지, 존귀하고 아름답고 것들을 다 잃어버리기 전에는 그 소중함을 깨닫지 못합니다. 마치 자녀들이 부모가 돌아가신 후에야 효도하지 못한 것을 후회하며 눈물 흘리는 것이나 마찬가지입니다. 사람은 소중한 것을 주어도 처음에는 그것이 얼마나 소중한지 깨닫지 못합니다. 자기 욕심으로 그것을 다 부수고 파괴시킨 후에야 비로소 "그렇게 하지 말걸" 하고 후회합니다.

11절을 보십시오. "여호와께 악을 꾀하는 한 사람이 너희 중에서 나와서 사특한 것을 권하는도다." 여기에서 악을 행하는 한 사람은 누구를 가리킵니까? 어떤 사람은 앗수르 왕 산헤립이라고 말하기도 하지만, 산헤립 한 사람만 가리킨다고 볼 수는 없습니다. 어느 시대든지 악을 꾀하는 데 탁월한 사람이 있는 법입니다. 그 사람은 남들이 감히 못하는 짓을 함으로써 사람들을 부추겨 하나님을 대적하게 만들고 더 담대하게 악을 행하게 만듭니다. 영화도 보통 사람은 못 만드는 영화를 만들고, 실험도 보통 사람은 못하는 실험을 해서 명성을 얻고 부를 움켜쥡니다. 그런 사람은 자기 영혼을 악에게 팔아넘긴 사람입니다. 그의 속에는 하나님을 두려워하는 마음이 전혀 없을 뿐 아니라 오히려 미움과 시기심과 원한으로 가득 차 있습니다. 마치 이스라엘 백성들을 두려움에 떨게 만들었던 골리앗 같습니다. 왜 이런 사람이 나타납니까? 하나님께서 악의 고삐를 풀어 주셨기 때문입니다.

베드로는 "너희 대적 마귀가 우는 사자같이 두루 다니며 삼킬 자를 찾나니"(벧전 5:8)라고 말했습니다. 우리가 살고 있는 이 세상은 영적 전쟁의 현장입니다. 마귀는 하나님께 돌아갈 영광을 찬탈하고 하나님의 신실한 백성들을 쓰러뜨리기 위해 두루 다니면서 기회를 노리고 있습니다. 하나님께서 쇠사슬로 묶어 놓으신 동안은 안전하게 지낼 수 있지만, 은혜의 소중함을 모르고 세상에 마음을 팔아먹으면 이 미친 개가 사슬을 풀고 뛰쳐나오게 되어 있습니다.

그러므로 우리는 한순간이라도 말씀을 소홀히 하면 안 됩니다. 말씀의 빛을 환하게 비추는 것만이 사탄이 틈타지 못하도록 막는 유일한 길입니다. 절대 방심하면 안 됩니다. '요즘 신앙의 진도가 너무 많이 나간 것 같아. 이 정도면 조금 마음을 놓아도 되겠지' 하고 긴장을 늦추면, 그 즉시 사탄이 덤벼들게 되어 있습니다. 사탄은 우리를 너무나 잘 알고 있습니다. 그래서 우리는 자기가 어떤 부분에서 약한지 늘 기억하고 있어야 합니다. 사탄은 제가 알고 있는 저의 약점들을 한 번씩 다 써먹었습니다. 어떤 약점은 세 번씩, 네 번씩도 써먹었습니다. '내가 마귀라면 여기를 요렇게 공격할 텐데'라고 생각되는 부분은 영락없이 공격을 받았습니다.

그러므로 우리 힘으로는 절대 마귀를 이길 수 없습니다. 마귀의 공격에서 살아남으려면 꼭 안전벨트를 매야 합니다. 그 안전벨트는 신실한 공동체입니다. 혼자서는 이길 수 없습니다. 신실한 공동체가 나를 위해 기도해 주어야 합니다.

악한 세상에서 너무 잘살려 하는 것은 위험한 일입니다. 악한 세상에서 잘사는 사람은 무언가 문제가 있는 것입니다. 시대가 악할 때는 차라리 하나님의 백성들과 함께 고난받는 것이 사는 길입니다. 이 세상에서 이상적인 삶을 살 생각을 버리십시오. '나는 이러이러하게 살아야지, 저런 집에서 살아야지, 이런 차를 사야지' 하는 그림들을 머릿속에서 다 지워 버리십시오. 전쟁터에서 어떻게 이것저것 다 갖추고 살려 합니까? 내 영혼 하나 딱 건질 생각을 해야 합니다. 다른 사람이 어떻게 살든지 절대 부러워하면 안돼요. 이 땅에서 너무 행복을 누리려 들면 안 됩니다. 이 땅에서 좀 참아야 하고, 이 땅에서 좀 섭섭해야 하고, 이 땅에서 좀 덜 누려야 합니다. 그래야 하나님 앞에서 영원한 즐거움을 누릴 수 있습니다.

오늘 성경은 아무리 악한 자라 하더라도 바위를 깨뜨리는 하나님의 진노 앞에서는 아무것도 아니라고 말씀하고 있습니다. 금방 망할 것처럼 상황이 위급하더라도 절대 놀라거나 낙심하지 마십시오. 하나님이 한 번만 말씀하시면 단번에 뒤집히게 되어 있습니다. 그래서 예수님께서 무엇이라고 말씀하셨습니까? "몸은 죽여도 영혼은 능히 죽이지 못하는 자들을 두려워하지 말고 오직 몸과 영혼을 능히 지옥에 멸하시는 자를 두려워하라"(마 10:28).

세상이 아무리 우리를 괴롭혀 봐야 죽이는 것밖에 더 하겠습니까? 그리고 사실은 자기들 마음대로 우리를 죽이지도 못합니다. 하나님의 허락이 없이는 우리 머리카락 하나 못 건드려요. 물론 전쟁터에는 희생이 따르게 마련입니다. 한 명도 다치지 않고 한 명도 죽지 않는 전쟁이란 있을 수 없습니다. 마찬가지로 우리가 아무리 신앙생활을 잘 해도 희생이 아주 없을 수는 없습니다. 그러나 그런 희생은 절대 패배가 아니며, 하나님 앞에서 영광이자 축복인 것을 기억할 필요가 있습니다. 온 세상이 마귀에게 아부하고 세상과 결탁한다 하더라도 끝까지 주님을 신뢰하고 말씀의 공동체에 거함으로써 승리의 찬송을 부르는 성도들 되시기를 축원합니다.

유다에 들린 복된 소식 4

1:12 여호와께서 말씀하시기를 "그들이 비록 강장하고 중다할지라도 반드시 멸절을 당하리니 그가 없어지리라. 내가 전에는 너를 괴롭게 하였으나 다시는 너를 괴롭게 하지 아니할 것이라.
13 이제 네게 지운 그의 멍에를 내가 깨뜨리고 너의 결박을 끊으리라.
14 나 여호와가 네게 대하여 명하였나니 네 이름이 다시는 전파되지 않을 것이라. 내가 네 신들의 집에서 새긴 우상과 부은 우상을 멸절하며 네 무덤을 예비하리니 이는 네가 비루함이니라."
15 볼지어다, 아름다운 소식을 보고 화평을 전하는 자의 발이 산 위에 있도다! 유다야, 네 절기를 지키고 네 서원을 갚을지어다. 악인이 진멸되었으니 그가 다시는 네 가운데로 통행하지 아니하리로다.

1:12-15

가끔 동물원에 갇혀 있던 사자나 호랑이가 탈출하는 경우가 있습니다. 그럴 때는 경찰이 출동해서 다시 잡아넣든지 총으로 쏘아서 죽입니다. 물론 아무리 사나운 맹수라도 우리 안에 갇혀 있는 동안에는 전혀 위협이 되지 않습니다. 우리 안에 갇혀 있는 맹수는 얼마든지 사람들과 공존하며 살 수 있습니다. 그러나 일단 우리를 뛰쳐나온 후에는 공존이 불가능합니다. 그때부터는 맹수와 사람 사이에 전쟁이 시작됩니다. 사람들은 힘을 모아서 맹수를 도로 우리에 잡아넣든지 쏘아 죽이든지 해야 합니다. 그 전까지는 평화를 누릴 수 없습니다.

이 세상에 있는 악한 자들이나 무서운 질병은 우리에 갇힌 맹수와 같아서, 나에게 직접 달려들지 않는 한 큰 문제가 되지 않습니다. 그러나 나 자신이 그런 악한 자들에게 걸려들거나 무서운 질병에 걸리거나 재난을 당할 때에는 전쟁이 시작된 것이나 다름이 없습니다. 악한 자는 나를 죽여 없애거나 나의 모든 것을 빼앗아

가기까지 절대 나를 포기하지 않을 것입니다. 사정을 봐달라고 부탁해 봐야 통하지 않습니다. 해결책은 오직 하나, 그 악한 자가 죽든지 없어지는 것뿐입니다.

마귀는 이 부분에서 굉장히 교활합니다. 마치 이런 전쟁이 없는 것처럼, 우리가 절대적으로 안전한 것처럼 속여서 기도하지 못하게 만들고, 영적으로 긴장하지 못하게 만듭니다. 평소에는 죄나 악이나 질병이 생각만큼 위험한 것이 아니라고 속삭이다가, 막상 어려운 문제가 닥치고 나면 "너는 절대 이것을 이길 수 없다"고 위협해서 낙심하고 자포자기하게 만드는 것입니다.

그런데 성경은 마귀와 정반대로 말합니다. 평소에는 영적인 전쟁이 얼마나 위험한지 일깨우면서 늘 긴장할 것을 요구합니다. 작은 죄, 작은 교만의 위험성을 일깨워 주며, 사탄에게 틈을 주지 말라고 경고합니다. 그러나 막상 어려움이 닥치면 폭포수 같은 위로로 우리를 감싸 주고 위로하면서 "절대 낙심하지 마라. 반드시 이길 것이다. 기도하고 믿음으로 굳게 서라"고 격려합니다.

나훔 당시의 유다 백성들은 우리를 탈출한 맹수 같은 앗수르와 대치 상태에 있었습니다. 앗수르 군대의 목표는 유다와 예루살렘을 멸망시키는 것이었습니다. 여기에는 타협의 여지도 없었고, 사정을 봐달라고 하소연할 여지도 없었습니다. 앗수르는 하나님의 백성들을 세상에서 완전히 없애 버리는 데에만 목적을 두고 있었습니다.

그런데 그때 하나님의 선지자가 전한 말씀이 무엇입니까? 앗수르가 갑자기 망해서 다시는 유다를 괴롭히지 못한다는 것입니다. 그것은 기쁜 소식이었습니다. 복음이었습니다. 유다 백성들에게 그보다 더 큰 복음은 없었습니다.

지금 우리는 아주 평안하게 생활하고 있습니다. 신문이나 텔레비전은 매일 여러 가지 범죄를 보도하고 있지만 나와는 다 상관없는 일들 같습니다. 그러나 우리가 알아야 할 것은 맹수가 언젠가는 뛰쳐나와 우리를 공격할 때가 있다는 것입니다. 그때는 우리의 평안도 끝장나게 되어 있습니다. 그때는 너무나 다급해진 나머지 얼굴은 백짓장처럼 새하얘지고 입에서는 단내가 풍겨날 것입니다. 그러므로 우리가 생각해야 할 중요한 문제는 어떻게 이런 위기를 예방할 수 있느냐 하는 것입니다. 또 이런 일이 닥쳤을 때에는 어떻게 해야 승리할 수 있느냐 하는 것입니다.

앗수르의 멸망

지금 앗수르는 어느 누구도 대항할 수 없는 절대적인 위치에 군림하고 있습니다. 그러나 하나님의 선지자는 앗수르가 하루아침에 멸망해서 다시는 일어서지 못할 것이라고 말씀합니다. "여호와께서 말씀하시기를 '그들이 비록 강장하고 중다할지라도 반드시 멸절을 당하리니 그가 없어지리라. 내가 전에는 너를 괴롭게 하였으나 다시는 너를 괴롭게 하지 아니할 것이라'"(1:12).

나훔서에서 흥미로운 점은 하나님께서 한 번은 앗수르에 대해, 또 한 번은 유다 백성에 대해 말씀하신다는 것입니다. 그래서 멸망을 예언하는 강력한 말씀과 위로와 은혜의 말씀이 번갈아 가며 등장합니다. 하나님께서는 먼저 앗수르 사람들을 향해 "그들이 비록 강장하고 중다할지라도 반드시 멸절을 당하리니 그가 없어지리라"고 말씀하고 계십니다. 여기에서 "강장하고"라는 것은 '완벽하다, 부족함이 없다, 빈틈이 전혀 없다'는 뜻입니다. 이를테면

'천상천하유아독존'이라는 것입니다. 앗수르는 도무지 치고 들어갈 틈이 없을 만큼 완벽한 나라로서, 절대적인 힘과 권력을 가지고 있었습니다. 세상에서 앗수르를 상대할 나라가 없을 정도였습니다.

강한 사람들의 특징은 누구의 말도 듣지 않고 무엇이든지 제멋대로 해 버린다는 것입니다. 자기에게 절대적인 힘이 있고 능력이 있는데 남의 말에 귀를 기울일 필요가 뭐가 있겠습니까? 앗수르는 고삐 풀린 미친 소 같았습니다. 어느 누구도 겁내지 않고, 어느 누구의 말도 듣지 않는 맹수 같았습니다. 그런 나라에 "그들이 비록 강장하고 중다할지라도 반드시 멸절을 당하리니"라는 말씀이 임한 것입니다. 나훔 시대에는 앗수르에 대항할 수 있는 세력이 하나도 없었습니다. 그런데도 하나님께서는 한창 전성기에 있는 앗수르를 향해 "너는 곧 끝난다"고 말씀하셨습니다.

악수르처럼 악한 세력이 날뛸 때, 하나님의 백성들에게는 영혼의 밤이 찾아오게 됩니다. 어려움은 계속되는데 하나님은 응답하시지 않습니다. 복음을 전하는 자들은 죽임을 당하고 있는데 말씀은 들리지 않습니다. 마치 하나님께서 우리를 버리시고, 악한 자들의 손을 들어 주시는 것 같습니다. 그런데 어느 날부터 하나님의 말씀이 들리기 시작했다면, 그것은 곧 이 영혼의 밤이 끝나가고 있다는 표시입니다. 내 마음을 사로잡는 말씀, 권세 있는 말씀이 들리기 시작했다면, 이제 하나님의 때가 다 된 것입니다. 악한 세력이 무르익을 대로 무르익어서 심판의 때가 이른 것이며, 하나님의 백성들이 회복될 때가 이른 것입니다. 내 귀에 말씀이 들리기 시작했다면 '밤은 끝나가고 있고 위로가 찾아오고 있구나. 머지않아 변화가 일어나겠구나'라고 생각하면 됩니다.

하나님께서는 앗수르의 멸망을 말씀하신 후에 곧이어 자기 백성을 향해 이렇게 말씀하십니다. "내가 전에는 너를 괴롭게 하였으나 다시는 너를 괴롭게 하지 아니할 것이라." 하나님이 전에 괴롭게 하셨다는 것이 무슨 뜻입니까? 앗수르를 우리에서 내보내서 유다에게 고통을 주신 장본인이 바로 하나님이시라는 것입니다. 그렇다고 유다 백성은 이 어려움에 대해 아무 책임이 없다거나 하나님이 앗수르와 결탁하셨다는 뜻은 아닙니다. 지금 앗수르의 세력이 아무리 절대적이라 하더라도 하나님의 손 아래, 하나님의 통제 아래 있으니 겁내지 말라는 것입니다.

왜 앗수르 같은 미친 짐승이 등장해서 모든 나라를 물어 죽이고, 이스라엘을 집어삼키며, 유다를 반죽음이 되도록 물어뜯는 일이 벌어졌습니까? 가장 중요한 이유는 하나님의 백성들이 말씀을 전적으로 붙들지 않은 데 있었습니다. 인간이 얼마나 간사한지, 어려움이 닥치면 하나님께 필사적으로 매달려서 진지하게 말씀을 듣습니다. 하나님의 미움을 사서 완전히 망해 버릴까 봐 무서워서 온 정신을 집중하여 말씀을 들으며, 온힘을 다해서 찬송하고, 울면서 기도합니다. 그런데 위기가 지나가고 나면 마음이 싹 바뀌어 버립니다. 설교도 시시하게 들리고, 찬송도 자꾸 똑같은 것 부르니까 지겹고, 기도도 왜 그렇게 오래 하는지 참기가 힘들어집니다. 그러다가 슬그머니 엉뚱한 생각이 고개를 들기 시작합니다. 죄지을 생각이 나기 시작하는 것입니다.

하나님의 백성에게 진정한 자유를 주는 것이 무엇입니까? 하나님의 말씀입니다. 예수님도 유대인들에게 그렇게 말씀하셨습니다. "진리를 알지니 진리가 너희를 자유케 하리라"(요 8:32). 하나님의 백성이 자유로워지는 때는 자진해서 말씀을 붙들고 자신의 욕망에 재갈을 물릴 때입니다. 그러면 여러 가지 재난과 사탄이 결박됨으로써 자유가 찾아옵니다. 그런데 은혜에 익숙해지고 마음이 교만해져서 말씀을 멀리하면, 괜히 말씀이 나를 제한시키는 것 같고 꼼짝 못하게 붙드는 것 같아서 자꾸 말씀을 멀리하면, 맹수가 결박을 풀고 나와 활동하기 시작합니다.

우리에게 중요한 것은 예방입니다. 앗수르나 바벨론 같은 세력이 활동하지 못하도록 미리 예방하려면 우리 자신을 진리에 가두어야 합니다. 먹고살 만하고 생활에 좀 여유가 생겨도 '난 여유 같은 거 모른다. 난 하나님 말씀밖에 모른다'는 마음으로 말씀만 붙들면 마귀가 결박을 풀고 나올 수가 없습니다. 마귀가 "나도 지독하지만 이놈들은 나보다 더 지독하다" 하면서 덤비지를 못해요. 그런데 불행히도 교회는 이 원리를 잊고 말았습니다. 그래서 편안할 때는 실컷 먹고 마시고 놀고 세상과 타협하다가 어려움이 닥치면 하나님께 돌아와 울고불고 매달리고, 또 편해지면 다시 세상으로 돌아가기를 반복하고 있습니다. 그러니까 전에는 어깨만 물렸는데 이번에는 다리 물리고 팔 물리고 온몸을 뜯기는 것입니다. 왜 그렇게 어리석은 짓을 합니까?

신앙생활에서는 예방보다 더 중요한 일이 없습니다. 편안할 때 성경을 붙드는 것보다 더 중요한 일이 없어요. 성경밖에 모르는 바보가 되기로 결심하는 것보다 더 중요한 일이 없습니다. 유다 백성들은 그것을 몰랐습니다. 앗수르나 바벨론 같은 괴물들을 끌어낸 장본인이 바로 자신들이라는 사실을 몰랐습니다.

이렇게 잘못이 유다 백성들에게 있었음에도 불구하고 하나님께서 "내가 전에는 너를 괴롭게 하였으나"라고 말씀하시는 것은, 아무리 앗수르처럼 사납고 악한 세력도 하나님의 통제 아래 있음을 보여 주시기 위해서입니다.

인생을 살다 보면 영혼의 밤이 찾아올 때가 있습니다. 하늘은 쇠로 되어 있고 땅은 놋으로 되어 있는 것처럼 어디에서도 도움을 기대할 수 없는 때가 있습니다. 그러다가 이처럼 말씀이 들리기 시작하면 아침이 다 되었다고 생각해도 됩니다. 말씀이 점점 빈번하게 나타나기 시작하고 구체적으로 적용되기 시작하면 하나님의 시간이 다 되었다고 생각해도 됩니다.

유다 백성을 억압한 것

하나님께서는 지금까지 심한 억압과 긴장 속에 살아온 유다 백성들에게 무엇이라고 말씀하고 계십니까? "이제 네게 지운 그의 멍에를 내가 깨뜨리고 너의 결박을 끊으리라"(1:13).

"멍에"는 짐승의 목에 가로얹는 무거운 기구입니다. "결박"은 죄수처럼 온몸이 묶이는 것을 가리킵니다. 유다는 아직 완전히 노예가 된 것은 아닙니다. 물론 전쟁 중에 노예로 끌려간 자들이 많이 있었지만, 아직 완전히 멸망한 것은 아닙니다. 그런데도 성경은 그들이 멍에를 메고 있고 결박되어 있다고 말씀합니다. 그 이유가 무엇입니까?

그들을 괴롭힌 것은 무엇보다 두려움과 불안이었습니다. 몸은 아직 노예로 끌려가지 않았지만, 마음은 이미 노예 이상으로 큰 불안과 두려움에 매여 있었습니다. 바로 이것이 말씀을 멀리한 유다 백성들에게 지우신 멍에요 결박이었습니다.

예를 들어 우리 집에 하루도 빠짐없이 깡패가 전화를 한다든지 찾아와서 협박을 한다면 어떻겠습니까? 몸은 노예가 아니지만, 마음은 노예 이상으로 자유를 누리지 못할 것입니다. 하루종일 '어떻게 하면 저 협박에서 벗어날 수 있을까?' 만 생각할 것입니다. 유다 백성들도 마찬가지였습니다. 앗수르가 살아 있는 한 그들은 결코 자유를 누릴 수 없었습니다.

그런데 하나님께서 말씀하시는 것이 무엇입니까? 그 멍에를 깨뜨리고 결박을 끊어 주시겠다는 것입니다. 다시는 앗수르가 그들을 위협하지 못하도록 완전하게 문제를 해결해 주시겠다는 것입니다.

하나님의 백성이 억압을 받을 때에는 어떻게 대처해야 할까요? 겉으로 나타나는 증상만 없애려 들면 안 됩니다. 지금 당장 나를 협박하고 괴롭히는 그 사람만 사라지면 그만이라고 생각하면 안 돼요. 악한 자는 그 사람 하나만이 아니기 때문입니다. 앗수르가 지나가면 바벨론이 있습니다. 바벨론이 지나가면 메대와 바사가 있습니다. 마귀는 이런 악의 세력들을 얼마든지 계속해서 동원할 수 있습니다.

그러므로 우리가 해야 할 일은 앗수르의 약점을 파헤치고 기습 공격을 해서 물리치는 것이 아닙니다. 왜 하나님께서 이런 세력을 일으켜 세워서 나를 공격하게 하시는지부터 생각해야 합니다. 하나님의 백성들은 큰 어려움이 닥칠 때 무엇보다 먼저 '내가 그동안 믿는다고 하면서도 굉장히 교만하게 살았구나. 그래서 하나님께서 이런 원수를 보내셨구나' 생각하고 오히려 앗수르를 고맙게 여겨야 합니다. 앗수르 같은 악의 세력이 없으면 어떻게 믿는 사람들이 자기의 교만을 깨닫겠습니까? 이것을 알고 나면 기도가 사자처럼 담대해지기 시작합니다.

나를 괴롭히는 사람이 있을 때, 그 사람 좀 처치해 달라고 기도

하지 마십시오. 그 사람을 처치해도 비슷한 사람이 열 명, 스무 명 더 나타날 수 있습니다. 우리가 참으로 드려야 할 기도는 어떤 것입니까? "주님, 지금 당신은 맹수를 우리에서 풀어 놓으셨습니다. 지금 미친 개가 제 다리를 물고 있으며 사나운 맹수가 저에게 덤벼들고 있습니다. 지금까지 제가 하나님의 진리를 소홀히 하며 제 교만한 생각대로 행한 것을 생각하면 이런 고통을 받는 것이 당연하지만, 당신의 말할 수 없는 긍휼로 저를 불쌍히 여기셔서 사탄을 다시 결박해 주옵소서. 제 힘으로는 도저히 이 악을 이길 수 없으니 악한 자가 승리하지 못하도록 막아 주옵소서. 이 악한 자를 내리치셔서 당신을 섬기는 자들이 이 땅에서 멸절되지 않도록 지켜 주옵소서."

우리 마음에 진정한 평화가 회복되려면 어려움이 완전히 해결되어야 합니다. 악한 자가 잠시 잠잠해지는 것만으로는 평화를 얻을 수 없습니다. 악한 자가 꼬리를 내리고 완전히 사라져 버려야 하며, 세력을 잃고 다시는 재기하지 못할 정도로 완전히 망해 버려야 합니다. 그런데 이 일을 하실 수 있는 분은 예수 그리스도 한 분밖에 없습니다. 우리에게 이렇게 힘센 장수가 계시다는 사실이 얼마나 다행스럽습니까?

야곱의 외삼촌 라반은 악한 자였습니다. 그는 음모를 꾸며 야곱을 영구적인 노예로 삼으려 했습니다. 그러나 그가 발견한 것이 무엇입니까? 야곱 뒤에 굉장한 용사가 계시다는 것입니다. 그 용사가 라반의 꿈에 나타나 야곱에게 조금이라도 손을 대면 죽여 버리겠다고 경고하셨습니다.

하나님께서 이런 어려움을 통해 우리에게 원하시는 것이 무엇입니까? 첫째는 겉으로 드러난 문제만 가지고 싸우지 말고, 이 어려움을 통해 자기의 교만을 깨달으라는 것입니다. 신앙 속에 들어온 불순물을 걸러 내라는 것입니다. 앗수르같이 악랄한 세력이 없으면 그 불순물은 걸러지지 않습니다.

둘째는 하나님께 필사적으로 매달리라는 것입니다. 맹수가 우리에서 뛰쳐나왔다면 그 다음에 일어날 일은 둘 중에 하나밖에 없습니다. 내가 죽든지 맹수가 죽든지 둘 중에 하나예요. 그렇기 때문에 맹수가 죽은 것이 확인될 때까지 목숨을 걸고 기도할 수밖에 없습니다. 은혜와 축복의 출처는 하나님뿐입니다. 우리에게 모든 것을 허락하시는 분은 하나님밖에 없습니다. 그렇다면 그 하나님께 더 담대하고, 더 간절하고, 더 필사적으로 매달려야 하지 않겠습니까?

셋째로 하나님께서 원하시는 것은 우리가 풍성한 삶을 사는 것입니다. 하나님의 백성은 감옥에 가야만 죄수가 되는 것이 아닙니다. 나라가 망해서 노예로 팔려 가야만 노예가 되는 것이 아닙니다. 마음이 자유롭지 못하면 죄수가 되는 것이며, 양심이 위협받고 있으면 노예가 되는 것입니다. 예수님께서는 "양으로 생명을 얻게 하고 더 풍성히 얻게 하려"고 세상에 오셨습니다(요 10:10). 그러므로 우리는 나의 영혼을 풍성하게 하지 못하는 것이 무엇인지 찾아내서 해결을 받아야 합니다. 내 속에 열등감이 있어서 풍성함을 누리지 못한다면 "이 열등감을 치료해 주십시오"라고 구해야 합니다. 빚 때문에 풍성함을 빼앗기고 있다면 "이 빚을 청산해 주십시오"라고 구해야 합니다. 다른 사람과의 관계 때문에 풍성한 삶을 살지 못한다면 "이 관계를 해결해 주십시오"라고 구해야 합니다. 질병 때문에 풍성함을 누리지 못한다면 "이 병을 고쳐 주십시오"라고 구해야 합니다.

제가 군대에 있을 때, 저를 아주 힘들게 하는 상관이 있었습니다. 그때 너무나 괴로워서 이 말씀을 붙들고 기도했습니다. "하나님, 저에게 풍성한 삶을 주시려고 예수님이 오셨다고 했는데, 저는 이 문제로 힘들어서 전혀 풍성하지가 않습니다. 저를 도와주옵소서." 그런데 사흘 만에 그 상관이 다른 부대로 발령이 났습니다. 얼마나 갑작스럽게 발령이 났는지 사람들이 다 깜짝 놀랄 정도였습니다.

하나님의 백성에게는 자신의 풍성함을 빼앗는 것들을 놓고 기도할 권리가 있습니다. 우리를 묶고 있는 멍에와 결박은 마땅히 끊어져야 합니다. 하나님께서는 우리가 그것을 가지고 나아가 기도하기를 원하십니다.

앗수르의 비루함

앗수르는 왜 망해야 합니까? 비루하기 때문입니다. "나 여호와가 네게 대하여 명하였나니 네 이름이 다시는 전파되지 않을 것이라. 내가 네 신들의 집에서 새긴 우상과 부은 우상을 멸절하며 네 무덤을 예비하리니 이는 네가 비루함이니라"(1:14).

'비루하다'는 것은 '가볍다, 무게가 제대로 나가지 않는다'는 뜻입니다. 다시 말해서 사람의 눈으로 볼 때에는 앗수르가 굉장히 큰 것 같아도, 하나님의 저울로 재 보면 먼지만도 못할 만큼 가볍다는 것입니다.

같은 개념이 다니엘서에도 나옵니다. 바벨론 왕 벨사살이 자기를 높여서 하나님을 훼방하고 성전에서 쓰던 기구에 술을 따라 마셨을 때, 갑자기 손가락이 나타나서 벽에 '메네메네 데겔 우바르신'이라고 썼습니다. 여기에 나오는 '데겔'의 뜻이 '하나님의 저울에 달아 보니 부족하다, 가볍다'는 것입니다.

하나님께서는 사람들을 저울에 올려놓고 그 그릇의 무게와 됨됨이를 달아 보십니다. 특히 어떻게 달아 보십니까? 절대적인 권력을 통해 달아 보십니다. 제대로 된 사람은 절대적인 권력이 주어질 때 굉장히 두려워하면서 매사에 하나님께 여쭤어 보고 행동합니다. 그러나 덜된 사람은 그 기회를 오로지 자기 자신을 위해서만 남용합니다. 제멋대로 권력을 휘둘러서 사람을 올렸다 내렸다 하고, 결정사항을 이리 뒤집었다 저리 뒤집었다 합니다. 또 제대로 된 사람에게 돈이 생기면 이것이 큰 시험인 줄 알고 절대 남용하지 않지만, 덜된 사람은 이것저것 사들이면서 사치와 향락을 향해 정신없이 달려갑니다. 시간도 마찬가지입니다. 제대로 된 사람에게 시간이 주어지면 "하나님이 나를 믿고 시간을 주셨는데 어떻게 낭비할 수 있느냐"면서 아주 아껴서 사용하지만, 덜된 사람은 자기 욕심을 좇아 멋대로 사용합니다.

앗수르는 자기에게 주어진 절대권력을 아무거나 빼앗고 아무나 죽이는 데 함부로 사용했습니다. 그들을 하나님의 저울에 재 보니 형편없이 비루하게 나타났습니다. 그러므로 그들은 멸절되어야 한다고 하나님은 말씀하셨습니다.

하나님이 원하시는 사람은 묵직한 사람입니다. 비가 오나 눈이 오나 자기 자리를 지키는 사람, 형편이 나아지거나 어려워지거나 변함없이 하나님 앞에서 자기 모습을 지키는 자들만이 천년만년 그 생명을 유지할 수 있습니다.

하나님께서는 앗수르에게 "네 이름이 다시는 전파되지 않을 것이라"고 말씀하셨습니다. 앗수르라는 이름의 나라는 더이상 유지

되지 않는다는 것입니다. 앗수르라는 이름은 이 세상에서 영원히 사라진다는 것입니다.

어떤 나라나 운동이 오래 지속되는 것은 그 안에 분명한 정신이 있기 때문입니다. 하나님께서 '그래도 이곳은 바른 정신을 가지고 있다. 바른 목표를 가지고 있다'고 생각하실 만한 무게가 있어야 오래갈 수 있습니다. 사람들의 인기에 편승하며, 무언가 잘되는 듯하다고 해서 기회를 남용하고 권력을 남용하는 사람은 결코 오래갈 수가 없습니다. 남들이 씌워 주는 간판이라는 간판은 다 뒤집어쓰고 사람들이 하자는 일마다 다 참견하는 사람은 어리석은 사람입니다. 그런 사람은 정말 중요한 일을 해야 할 힘과 시간을 비축해 둘 수가 없습니다.

예수님께서는 "온유한 자는 복이 있나니 저희가 땅을 기업으로 차지할 것임이요"(마 5:5)라고 말씀하셨습니다. 온유한 사람은 아무거나 움켜쥐지 않습니다. 엉뚱한 것을 붙들면 막상 가장 중요한 것을 붙들 기회가 올 때 포기해야 한다는 사실을 알기 때문입니다. 그는 정말 중요한 것을 위해 기다릴 줄 알며, 그것을 발견했을 때 자신의 모든 것을 바치는 사람입니다. 그런 사람이 하나님의 저울에 묵직하게 나타나는 사람입니다.

사람들은 늘 새로운 것을 찾아다닙니다. 그래서 어디서 누가 새로운 것을 시도했다고 하면 우르르 몰려가서 흉내내고 따라하는데, 그것은 가벼운 태도입니다. 정말 새로운 것이 나오는 곳은 말씀과 성령이 역사하는 곳입니다. 우리가 보기에는 다 그 말씀이 그 말씀인 것 같아도, 정말 새로운 것은 오직 거기에서만 흘러나옵니다. 그곳이 진짜 하나님 앞에 묵직한 곳입니다.

앗수르는 큰 세력이었지만 그 속에 새로운 것이 없었습니다. 오직 탐욕만 가득 들어 있었습니다. 그래서 당장은 힘으로 다른 나라들을 정복할 수 있었지만, 일단 힘이 새 나가기 시작하자 결국 가루가 되어 흩어지고 말았습니다.

특히 하나님께서는 앗수르의 우상들을 전부 파괴시키겠다고 말씀하십니다. "내가 네 신들의 집에서 새긴 우상과 부은 우상을 멸절하며 네 무덤을 예비하리니." 앗수르의 우상은 인간의 마음속에 있는 욕망의 표현물이었습니다. 오늘날 현대인들이 좋아하는 사람들은 어떤 사람들입니까? 자기 속에 있는 욕망을 끄집어내서 잘 표현해 주는 사람입니다. 청소년들의 마음속에 있는 욕망과 분노를 정확하게 끄집어내서 노래나 춤으로 표현해 주는 가수는 최고의 스타가 됩니다. 사람들의 욕망을 잘 끄집어내서 표현해 주는 드라마는 폭발적인 인기를 누립니다. 그런 의미에서 텔레비전은 현대인의 우상이라고 할 만합니다. 별로 크지도 않은 네모난 상자가 사람들의 마음을 완전히 사로잡고 있습니다.

앗수르의 우상은 인간의 마음속에 있는 욕망이 여과되지 않고 그대로 표출된 결과물이었습니다. 다시 말해서 인간들의 분노와 폭력에 대한 욕구, 성에 대한 욕구가 여과되지 않고 그대로 표출된 것이었습니다. 하나님의 제재가 없으면 사람들은 자기의 욕망을 절대시하며 살게 되어 있습니다. 우리 안에도 앗수르 사람들의 욕망이 그대로 있습니다. 거룩하고 아름답게 살려는 마음보다는 음란하고 방탕한 삶을 살려는 욕망이 훨씬 더 강하게 작동하고 있습니다. 마귀는 "내가 그 욕망을 다 채워 줄 테니 하나님을 버리라"고 유혹합니다. 그러나 욕망을 채우는 것은 마치 소금물을 마시는 것과 같아서, 마시면 마실수록 갈증이 더 심해지게 되어 있으며 결국에는 죽음에 이르게 되어 있습니다. 거듭 말씀드리지만,

죄는 중독성을 가지고 있습니다. 비참한 종말을 맞이할 때까지 절대 통제되지 않습니다.

하나님께서 앗수르의 신상들을 파괴시킴으로써 보여 주시는 것이 무엇입니까? 욕망을 채우는 이 '앗수르주의'는 결코 행복을 줄 수 없다는 것입니다. 자기가 하고 싶은 대로 다 하고 사는 사람들의 결말은 비참한 멸망이라는 것입니다. 우리는 앗수르를 보면서 죄와 욕망이 얼마나 무서운 것인지 깨달아야 합니다. 앗수르 사람들은 자기가 하고 싶은 대로 다 하며 살다가, 나중에는 스스로 주체할 수 없을 정도로 비대해져서 무너지고 말았습니다. 정신이 썩어 있으면 아무리 크고 강한 나라도 무너지게 되어 있습니다.

자기 욕망을 향해 달려가는 것이나 사람들의 인기에 영합하는 것은 비루한 태도이며 가벼운 태도입니다. 진정한 새로움은 프로그램을 바꾸거나 교회 장식을 바꾸는 데서 나오지 않습니다. 오직 하나님의 말씀과 성령으로부터만 새로움이 나옵니다. 그 새로움이 우리나라를 이끌어 가게 해야 하고, 이 시대를 이끌어 가게 해야 합니다. 그것이 하나님 앞에 묵직한 것입니다.

유다에 들린 복된 소식

하나님께서는 유다에 복된 소식을 전하는 자가 나타날 것이라고 말씀하십니다. "볼지어다, 아름다운 소식을 보고 화평을 전하는 자의 발이 산 위에 있도다! 유다야, 네 절기를 지키고 네 서원을 갚을지어다. 악인이 진멸되었으니 그가 다시는 네 가운데로 통행하지 아니하리로다"(1:15).

유다 백성에게 가장 기쁜 소식이 무엇이겠습니까? 앗수르가 망했다는 소식입니다. 그것도 그냥 망한 것이 아니라 재기가 불가능할 정도로 완전히 파괴되었다는 소식입니다. 나를 괴롭히고 위협하던 깡패가 감옥에 갇혔다는 소식만으로는 안심할 수가 없습니다. 언제든지 감옥에서 나와 다시 괴롭힐 가능성이 크기 때문입니다. 이런 악의 세력이 영구적으로 결박되거나 완전히 멸망했다는 소식이 들리지 않는 한, 우리는 진정한 평화를 누릴 수 없습니다. 그런데 나훔 선지자는 앗수르가 영원히 끝장났으며, 이 복된 소식을 전하는 자의 발이 벌써 산 위를 넘어오고 있다고 말하고 있습니다.

그렇다면 이 복된 소식을 들은 유다 백성들은 무엇을 해야 합니까? "유다야, 네 절기를 지키고 네 서원을 갚을지어다." 우리 생각에는 이런 소식이 들리면 서로 기뻐하고 잔치를 벌이며 크게 즐거워해야 할 것 같습니다. 그러나 하나님께서는 그보다 먼저 절기를 지키고 서원을 갚으라고 하십니다. 그들은 지금까지 자기들의 욕심 때문에 절기를 지키지 않았습니다. 그러니 진정한 자유를 맞이한 이때, 밀렸던 절기를 다 지키라는 것입니다.

또 서원을 갚으라고 하십니다. 여기에서 말하는 서원은 우리가 흔히 생각하는 조건부 약속이 아니라 일종의 감사제입니다. 망할 수밖에 없는 자신을 큰 축복으로 살려 주신 것이 너무 감사해서 특별히 어떤 일을 하겠다거나 하지 않겠다고 작정하는 것입니다. 하나님께 받은 은혜를 잊지 않고 영원히 기억하고 싶어서 기쁨으로 약속하는 것입니다.

예를 들어 아기가 아프다고 해서 "이 아이를 살려 주시면 목회자로 바치겠습니다"라고 기도하는 것은 올바른 의미의 서원이 아닙니다. 오히려 하나님의 도움으로 어떤 어려움을 피하게 되었을 내, 그 어려움을 당했다면 고스란히 지불했어야 할 돈을 자기 능력의 범위 안에서 하나님께 자원해서 바치거나, 노예로 잡혀 있을 뻔했던 기간만큼 자원봉사를 하는 것이 더 서원의 개념에 가깝습니다. 하나님의 은혜로 어려움을 극복했을 때, 또는 어려움을 극복할 수 있다는 확신이 들 때, 내가 그 어려움 때문에 썼을 시간과 돈을 하나님께 드리자는 생각으로 바치는 것이 진정한 의미의 서원인 것입니다.

하나님께서 유다 백성들에게 말씀하시는 것이 무엇입니까? "이제 너희가 앗수르의 공격에서 벗어났으니, 남은 기간을 서원 기간으로 삼으라"는 것입니다. 앗수르에 망해서 노예로 끌려갔다고 치고, 그 시간과 자유를 마음껏 쓰지 말고 절제하라는 것입니다. 어려움이 없어졌다고 해서 자기 마음대로 살지 말고 더욱 더 하나님께 나아와서 마음껏 기뻐하며 자기의 삶을 하나님께 바치라는 것입니다.

우리는 오히려 거꾸로 할 때가 더 많습니다. 어려움에 빠져 있을 때에는 서원도 많이 하고 예배도 부지런히 참석하면서 "하나님, 이 어려움에서 저를 건져 주시기만 하면 이것도 하고 저것도 하겠습니다"라고 약속을 하지만, 막상 그 어려움이 해결되고 나면 자기 자랑과 욕심을 향해 마구 달려가거나 그동안 고난 받느라고 하지 못한 일들을 따라잡으려고 더 집착하는 것입니다. 그러나 그것은 참으로 승리한 그리스도인들의 태도가 아닙니다. 승리한 그리스도인들은 오히려 어려움에서 놓여났을 때 서원을 합니다. "하나님, 너무 기쁘고 감사합니다. 하나님께서 저를 불쌍히 여기지 않으셨다면 저는 영원히 억압 가운데 있었을 것입니다. 이제 저에게 원하시는 것이 무엇입니까? 저의 남은 삶을 온전히 거기에 바치겠습니다." 이처럼 하나님의 은혜 안에서 종살이를 자처할 때, 다시는 앗수르 같은 악의 세력이 얼씬도 못하도록 지켜 주겠다고 하나님은 약속하고 계십니다.

오늘날 이 세상에서는 치열한 영적 전쟁이 벌어지고 있습니다. 마귀는 끊임없이 우리를 방심하게 만들고, 죄가 그리 위험하지 않다고 속삭이며, 어느 정도는 교만해도 괜찮다고 안심시킵니다. 그러다가 막상 어려움이 닥치면 포기하게 만들고 죄책감에 사로잡히게 만듭니다. 그러나 하나님의 말씀은 정반대입니다. 평소에는 겸손하게 만들고 엄하게 경계하지만, 어려움이 닥치면 담대하게 이기도록 위로하고 격려해 줍니다.

악의 세력을 원천봉쇄 하는 방법이 무엇입니까? 진리를 붙드는 것입니다. 진리를 붙들고 내 욕심대로 살지 않을 때, 마귀의 세력은 우리 근처에 얼씬도 할 수 없습니다. 그런데 문제는 인간의 마음이 자꾸 다른 쪽으로 달려간다는 데 있습니다. 조금만 편해지면 욕심이 기어 들어와서 말씀만 듣는 것은 재미가 없어지고, 자꾸 이것저것 욕심을 챙기게 됩니다. 그러면 어려움과 환난이 찾아오게 되어 있습니다. 그럴 때 성경이 말씀하시는 것이 무엇입니까? "네 욕심 때문에 이런 어려움이 왔지만, 그래도 낙심하지 말라"는 것입니다. 아무리 악한 세력도 하나님의 통제 아래 있다는 것입니다. 우리의 어려움이 아무리 커도 하나님은 우리의 해답이 되시며 능력이 되신다는 것입니다.

정말 중요한 것은 가볍게 인기에 영합하는 것이 아니라, 하나님의 저울에 묵직하게 나가는 것입니다. 우리는 새로운 것, 참신한 것을 붙들어야 합니다. 영원히 새롭고 영원히 참신하며 영원히 부패하지 않는 성령의 역사, 말씀의 역사가 있는 곳을 하나님께서는 지켜 주시고 축복해 주십니다.

우리는 이미 한 번 죽었던 사람들입니다. 그런데 이제 와서 욕심을 내는 것이 무슨 의미가 있겠습니까? 또 우리가 세상에서 아무리 누려 봐야 얼마나 누릴 수 있겠습니까? '나는 앗수르의 노예로 끌려갔다. 앗수르의 칼에 죽었다' 생각하고 남은 삶을 하나님께 드리며 내 욕심대로 살지 않을 때, 상상할 수 없는 하나님의 축복이 우리에게 임할 것입니다.

니느웨 멸망의 환상 5

2:1 파괴하는 자가 너를 치러 올라왔나니 너는 산성을 지키며 길을 파수하며
네 허리를 견고히 묶고 네 힘을 크게 굳게 할지어다!
2 여호와께서 야곱의 영광을 회복하시되 이스라엘의 영광 같게 하시나니
이는 약탈자들이 약탈하였고 또 그 포도나무 가지를 없이하였음이라.
3 그의 용사들의 방패는 붉고 그의 무사들의 옷도 붉으며 그 항오를 벌이는 날에
병거의 철이 번쩍이고 노송나무 창이 요동하는도다.
4 그 병거는 거리에 미치게 달리며 대로에서 이리저리 빨리 가니 그 모양이
횃불 같고 빠르기 번개 같도다.
5 그가 그 존귀한 자를 생각해 내니 그들이 엎드러질 듯이 달려서 급히 성에 이르러
막을 것을 예비하도다.
6 강들의 수문이 열리고 왕궁이 소멸되며
7 정명대로 왕후가 벌거벗은 몸으로 끌려가며 그 모든 시녀가 가슴을 치며
비둘기같이 슬피 우는도다.

2:1-7

아무 어려움 없이 편안한 시절에는 믿음의 진실성을 확인할 수 없습니다. 진정한 믿음은 불 같은 시험을 통과할 때 나타납니다. 그래서 하나님께서는 때때로 세상에 완전한 암흑의 기간을 허락하십니다. 법도 없고 양심도 없는 상태에서 사람들이 자기 탐욕대로 마음껏 행할 수 있는 암흑의 때를 허락하십니다. 그렇게 악한 세력이 득세할 때 우리 마음속에는 '나 혼자 양심을 지켜 봐야 무슨 소용이 있을까? 오히려 양심을 지키면 손해를 보고 핍박을 당하는 판국에 굳이 양심을 고집할 필요가 뭐가 있을까? 그러지 말고 나도 아부하고 한탕 하자. 악한 자에게 충성을 맹세하고 무언가 얻어 보자'는 생각이 고개를 쳐들 수 있습니다. 또 그런 생각까지는 하지 않는다 하더라도, 슬그머니 신앙을 놓아 버린 채 '나도 그냥 내 욕심대로 해 보자'는 생각을 하게 될 수 있습니다.

그러나 진정한 믿음을 가진 사람은 악한 사람이 득세하는 것을 절대로 부러워하지 않습니다. '설사 하나님께서 내 기도를 들어주지 않으시고 버리실지라도 나는 끝까지 하나님을 신뢰하겠다'는 태도를 견지합니다. 그러다가 그 암흑의 기간이 끝나고 환한 광명천지가 찾아와서 악의 세력들이 줄줄이 밧줄에 묶여 끌려가는 것을 볼 때, 악에 아부하고 타협했던 사람들의 행적이 백주에 드러나는 것을 볼 때, 하나님이 자신의 작은 믿음을 지켜 주셔서 이 유혹에 넘어가지 않은 것에 감사를 드리게 됩니다.

오늘날처럼 미래를 한 치도 예측할 수 없는 이때, 나의 믿음이 아무 소용 없는 것처럼 보이는 이때, 내가 아무리 부르짖으며 기도해도 들어주시지 않는 것처럼 보이는 이때야말로 우리가 믿음을 지켜야 할 때이며 신앙양심을 붙들어야 할 때입니다.

오늘 본문은 전성기를 누리고 있는 앗수르의 멸망을 예고하고 있습니다. 사람들은 악의 세력이 넘어지고 난 후에는 이러쿵저러쿵 여러 말 하기 좋아하지만, 악의 세력이 건재할 때에는 입에 침이 마를 정도로 칭찬하고 아부함으로써 조금이라도 이익을 얻으려 합니다. 그러나 하나님의 말씀은 그렇지 않습니다. 최고의 절정에 올라가 있는 자에게도 거리낌없이 멸망을 예고합니다.

지금 사람들은 앗수르에 아부하고 복종하는 것만이 유일한 살길이라고 생각하고 있습니다. 세상 어느 누구도 앗수르가 멸망하리라고 생각지 않습니다. 믿음을 지키고 있던 사람들조차 이제는 믿음을 거의 놓칠 위기에 처해 있습니다. 마치 절벽에서 밧줄을 붙들고 있던 손에 힘이 점점 빠져서 떨어지기 직전에 놓인 것과 같습니다.

그때 나훔 선지자는 앗수르의 멸망에 대한 생생한 그림을 보여 줌으로써 그들의 손을 다시 한 번 강하게 붙들어 주고 있습니다. "앗수르는 이러이러하게 망할 것이고 너희는 회복될 것이다. 그런데 이 며칠을 못 참아서 믿음을 놓쳐 버리면 영원히 후회하게 될 것이다. 지금이야말로 믿음을 지켜야 될 때이며, 지금이야말로 굳세게 하나님을 의지할 때다"라고 격려하고 있습니다.

오늘 본문은 짧지만 세 부분으로 나누어 볼 수 있습니다. 첫 번째 부분은 앗수르의 멸망을 예고하며 이스라엘의 회복을 약속하는 메시지로 이루어져 있습니다. 두 번째 부분은 앗수르가 멸망하는 장면에 대한 생생한 묘사로 이루어져 있습니다. 아마도 이것은 나훔 선지자가 환상으로 본 장면일 것입니다. 세 번째 부분은 이 모든 일의 결과를 보여 주고 있습니다. 모든 것이 끝났습니다. 오랫동안 버틸 줄 알았던 앗수르가 한순간에 망해서 사람들이 줄줄이 묶여서 끌려갑니다. 무한할 것 같았던 악의 세력이 허무하게 끝나 버린 것입니다.

야곱의 회복을 약속하시다

하나님께서는 악의 세력이 온 세상을 유린하고 있는 가운데서도 야곱의 영광을 회복시켜 주겠다고 약속하십니다. "여호와께서 야곱의 영광을 회복하시되 이스라엘의 영광 같게 하시나니 이는 약탈자들이 약탈하였고 또 그 포도나무 가지를 없이하였음이라"(2:2).

지금 온 세상을 지배하고 있는 것은 하나님을 무서워하지 않는 무지막지한 악의 세력입니다. 사람들은 그 악의 세력 앞에 충성을 다짐하고 있으며, 악한 지도자에게 영광을 돌리고 있습니다. 반면에 하나님의 영광과 이스라엘의 영광은 어디 파묻혀 있는지 보이지도 않을 정도로 비참한 상태에 떨어져 있습니다. 이런 상황에서 하나님께서는 야곱의 영광과 이스라엘의 영광을 회복시키겠다고 말씀하고 계십니다.

야곱과 이스라엘은 동일인물입니다. 그러나 야곱은 영광스럽게 변화되기 전의 이름이고, 이스라엘은 하나님의 능력과 도우심으로 예전의 연약함과 비참함을 벗어 버리고 영광스러워졌을 때의 이름입니다. 지금 이스라엘의 머릿속에는 두 가지 모습이 있습니다. 한 가지는 이스라엘이 마땅히 가져야 할 영광스러운 모습이고, 또 한 가지는 그 영광을 다 잃어버린 채 만신창이가 되어 여기저기 찢기고 터져 있는 야곱의 모습입니다. 이스라엘은 이 두 모습 사이에서 갈등을 겪고 있습니다. 그런데 하나님께서는 끝까지 믿음을 지키고 있는 소수의 성도들에게 "너희가 마땅히 가져야 할 영광스러운 이스라엘의 모습을 회복시켜 주겠다"고 약속하고 계십니다.

2절 하반절은 "약탈자들이 약탈하였고 또 그 포도나무 가지를 없이하였음이라"고 말씀하고 있습니다. 약탈자들이 다 약탈해 가고 나니까 남은 것이 하나도 없습니다. 또 포도나무 가지를 다 쳐 버리니까 포도송이는 없고 밑둥치뿐입니다. 원래 하나님의 백성은 풍성해야 정상입니다. 포도나무는 열매가 풍성히 달려 있어야 정상이에요. 이스라엘 백성들이 이렇게 비참한 자신들의 모습을 보면서 느낀 것이 무엇입니까? '이것은 우리의 원래 모습이 아니다. 이렇게 약탈당한 모습, 여기저기 찢기고 터진 모습, 가지가 다 끊어져 모든 열매가 사라진 모습은 우리의 원래 모습이 아니다' 라는 것입니다.

하나님의 백성들이 은혜를 받으면 하나님이 약속하신 풍성한 모습, 영광스러운 모습을 회복하고 싶은 뜨거운 마음이 솟구치게 됩니다. 하나님의 교회는 그 모습을 되찾아야 합니다. 영광스러운 이스라엘의 모습, 가지마다 포도송이가 주렁주렁 매달려 있는 풍성한 모습을 되찾아야 합니다. 악한 마귀의 속임수가 무엇입니까? 누더기 같은 현재의 이 모습이 정상이라는 것입니다. 비참하게 살고 있는 지금 이 모습이 정상이니까 회복하려고 노력하지 말라는 것입니다. 마귀는 이렇게 우리의 기를 꺾고 용기를 꺾으며 기도하지 못하게 막으려 합니다.

그러나 하나님의 말씀이 선포되면 어떻게 됩니까? 우리가 마땅히 가져야 하고 누려야 하는 영광스러운 모습이 떠오르면서 '지금 우리는 속고 있다. 이것은 정상적인 교회의 모습이 아니다. 정상적인 교회의 모습은 이보다 훨씬 더 강력해야 하고, 훨씬 더 싱싱해야 한다' 는 마음이 솟구쳐 올라옵니다. 그래서 약속하신 모습을 되찾기 위해서 하나님 앞에 부르짖게 되는데, 그것이 부흥의 출발점입니다.

저는 우리에게 사도행전이라는 성경이 있다는 것이 얼마나 다행스럽고 감사한지 모릅니다. 사도행전은 교회의 참된 모습에 대한 기준을 제시해 줍니다. 만일 사도행전이 없다면 우리는 교회가 마땅히 가져야 할 모습을 영원히 깨닫지 못한 채 세상 흘러가는 대로 우리를 내맡길 수밖에 없을 것입니다. 현재 자기 교회의 모습이 아무리 만족스럽고 부족함이 없다고 느끼는 사람이라도 사도행전 속에 나오는 교회의 모습을 보면 큰 차이가 있음을 발견할 것입니다. 사도행전에 나오는 교회와 오늘날 교회의 가장 중요한 차이가 무엇입니까? 조직입니까? 제도입니까? 물건을 나누는 방식입니까? 아닙니다. 성령의 역사입니다. '사도행전에는 넘치는 성령의 역사가 나타나는데, 우리에게는 왜 그것이 없을까?' 라는 이 인식, 이 자각이 우리를 부르짖게 만들고 담대히 나아가 기도하게 만듭니다.

성경이 없다면, 성경의 위대한 약속이 없다면, 우리는 지금 자신이 어떤 모습을 가지고 있는지, 무엇이 정상적인 모습이며 하나님이 원하시는 모습인지 모르고 살 수밖에 없습니다. '이것이 원래 내 모습이려니' 하면서 낙심하고 침체된 채, 우울증에 시달리면서 살 수밖에 없습니다.

그러나 하나님께서 말씀하시는 것이 무엇입니까? 지금 이 모습은 정상이 아니라는 것입니다. 이스라엘의 영광을 친히 회복시켜 주시겠다는 것입니다. 아마 이스라엘 백성들은 이 말씀을 들으면서 울음을 터뜨렸을 것입니다. "지금 우리의 모습은 정상이 아니야. 하나님이 원하시는 원래의 모습, 영광스러운 모습, 담대한 모습이 있어. 우리 기도하자. 그 영광의 모습을 회복시켜 달라고 담대하게 기도하자!"

이 자각에서부터 역사가 나타나는 것입니다. 아무리 만신창이가 된 교회라도 이것을 깨닫고 기도하기 시작하면 영광스러운 모습을 회복할 수가 있습니다. 가장 나쁜 것은 하나님이 원하시는 원래의 모습을 생각지 않는 것입니다. 기도해도 안 될 것이라고 지레짐작해서 포기하는 것입니다.

하나님께서는 성령의 역사를 통해 우리를 영광스러운 모습으로 회복시키시는데, 성령이 무엇보다 먼저 하시는 일은 하나님의 말씀을 밝히는 것입니다. 그러면 사람들은 자신이 원래 모습에서 얼마나 멀리 떨어져 있는가를 깨닫고 애통하게 됩니다. 예를 들어 장학금을 받기로 되어 있는 학생이 그 사실을 모르고 어디에서 만원 생긴 것으로 기뻐하고 만족한다고 합시다. 그때 누군가 찾아와서 "바보야, 너는 그 돈의 백 배를 받게 되어 있어"라고 말한다면 어떤 마음이 들겠습니까? 성령이 하시는 일이 바로 그것입니다. 우리는 너무 작은 것들에 만족하면서 현재의 상태에 머물러 있으려고 합니다. 그때 성령님께서 "그게 아니야. 하나님께서 너에게 주시려고 하는 것은 그것과 비교할 수도 없이 큰 거야"라고 말씀해 주시는 것입니다. 그러면 눈에 불이 번쩍 켜지면서 그것을 달라고 구하지 않고서는 견딜 수 없는 뜨거운 마음이 솟구쳐 올라오게 되어 있습니다. 성령님은 버틸 힘을 거의 잃어버린 유다의 남은 자들에게 바로 이 말씀을 해 주셨습니다.

교회의 원래 모습은 어떤 것입니까? 요한계시록 마지막에 나오는 예루살렘의 모습, 신랑을 위해서 단장한 신부 같은 모습입니다. 그런데 언제부터인가 교회는 맛 잃은 소금이 되어 사람들의 발에 밟히는 처지가 되어 버렸습니다. 왜 이렇게 되었습니까? 중요한 역할을 잃어버렸기 때문입니다.

교회는 죄를 치료할 수 있는 유일한 곳입니다. 그런데 사람들의 마음에 상처를 주기 싫어서 죄를 설교하지 않을 때, 그래서 하나의 사교집단으로 전락할 때, 교회는 세상에 밟히게 되어 있습니다. 교회의 원래 모습은 그런 것이 아닙니다. 교회는 원래 사람을 살리는 곳이요 변화시키는 곳입니다. 아무리 침체와 낙심과 절망에 빠진 사람이라도, 자살 직전에 있는 사람이라도 교회만 오면 다시 살아나야 합니다. 교회가 이 역할을 제대로 감당할 때, 온 세상은 교회를 두려워하며 하나님의 영광을 찬송할 것입니다.

2장 1절은 아주 난해한 말씀으로 알려져 있습니다. "파괴하는 자가 너를 치러 올라왔나니 너는 산성을 지키며 길을 파수하며 네 허리를 견고히 묶고 네 힘을 크게 굳게 할지어다!"

가장 어려운 문제는, 나훔 선지자가 이 말을 하는 대상이 누구야 하는 것입니다. 본문 전체가 니느웨의 멸망을 말하고 있는 만큼, 여기 나오는 "파괴하는 자"를 니느웨를 파괴하러 온 사람으로 생각하기 쉽습니다. 그렇게 본다면 이 말씀은 '너를 파괴하는 자가 올라왔으니 어디 한번 산성을 지키고 길을 파수해 봐라. 아무리 그래도 이길 수 없을 것이다' 라는 조롱이 될 것입니다.

그러나 이것은 니느웨를 향한 말씀이라기보다는 앗수르에 마지막 항전을 벌이고 있는 유다 백성들을 향한 말씀으로 보입니다. 즉, 니느웨를 향한 조롱이 아니라 끝까지 앗수르에게 굴복하지 않고 믿음을 지키고 있는 소수의 유다 백성들을 향한 격려라는 것입니다. 오늘 본문은 전체적으로 아주 진지하고 사실적인 분위기로 진행되고 있으며, 원수를 조롱하거나 풍자하는 듯한 분위기는 전혀 찾아볼 수 없습니다. 또 지형적으로도 니느웨는 물에 둘러싸인 곳이어서, 산성이나 길을 지킨다는 비유가 잘 들어맞지 않습니다.

이런 점에서 볼 때, 이 구절은 기진맥진해서 무너지기 직전에 있는 하나님의 백성들에게 영광의 회복을 약속하면서 끝까지 견디라고 격려하시는 말씀으로 보는 것이 옳을 것 같습니다. 약탈자가 올라와서 여러 곳을 약탈하고 있는데 기도는 응답될 기미가 보이지 않습니다. 마음속의 확신은 점점 약해져서 이제 언제 포기하고 무너지느냐만 남은 깃 같습니다. 그럴 때 신지자가 나타나서 "끝까지 견뎌라. 약탈자가 올라왔지만 끝까지 산성을 지키고 믿음을 지켜라"라고 격려하고 있는 것입니다.

사람이 바닥까지 내려갔을 때 듣고 싶은 말이 무엇입니까? "너는 재기할 수 있다"는 딱 한마디입니다. "아무리 지금 상황이 엉망진창이라도 너는 극복하고 다시 일어날 수 있다"는 그 한마디입니다. 그 가능성이 없다면 아무도 어려움을 견뎌 낼 수 없습니다.

우리를 불안하게 만드는 것은 '내가 이렇게 하나님만 의지하고 살다가 이 초라한 모습 그대로 죽으면 어떡하지? 계속 이렇게 빌빌거리다가 인생이 끝나 버리면 어떡하지?' 하는 의심입니다. 마귀는 옆에서 더 늦기 전에 고집을 버리고 세상적인 방법을 찾으라고 부추깁니다. 그럴 때 우리가 선택할 수 있는 길은 둘 중에 하나입니다. 하나님 제대로 믿게 된 것 하나만으로 만족하고 끝낼 생각을 하든지, 아니면 신앙양심을 좀 포기하더라도 다시 성공하기 위해 세상으로 달려가든지 둘 중에 하나인 것입니다. 하나님은 우리에게 물으십니다. "내가 중요하냐, 세상에서 성공하는 것이 중요하냐?" 여기에서 믿음의 판가름이 나게 되어 있습니다. 그럴 때 "하나님, 저는 세상보다 하나님이 더 좋습니다. 그냥 이렇게 살다 끝나도 좋습니다" 하고 버티는 사람은 합격할 것입니다. 그러나 "죄송합니다. 하나님도 좋지만, 그렇다고 세상을 아주 무시하고 살 수야 있습니까?" 하면서 세상으로 돌아가는 사람은 앞으로도 훈련장을 몇 바퀴 더 돌아야 할 것입니다.

어려운 시절에는 너무 멀리까지 생각하면 안 됩니다. 딱 하루 단위로 생각해야 돼요. '하나님께서 나의 어려움을 알고 계시며 결국 나를 회복시키실 것'이라는 믿음으로 말씀을 붙들고 하루하루 참고 견디다 보면 1년도 버틸 수 있고 10년도 버틸 수 있습니다. 그러면서 하나님이 원하시는 수준까지 겸손해지고, 결국 하나님의 시간을 다 채우게 되는 것입니다. 그때부터 하나님께서 엄청난 능력으로 우리를 회복시키기 시작하십니다.

이 불 같은 시험을 통과하지 않는 믿음은 참 믿음이 아닙니다. 편안하고 모든 것이 뜻대로 잘될 때 하나님께 감사하지 않을 사람이 어디 있으며, 교회에 충성하지 않을 사람이 어디 있겠습니까?

아무리 충성해도 알아주는 사람이 없을 때, 아무리 기도해도 하나님의 응답이 없을 때 믿음을 붙들 수 있어야 합니다. 그럴 때 마귀는 "하나님은 너를 잊으셨다. 기도해도 소용 없어"라고 속삭이면서 집요하게 믿음을 공격해 옵니다. 그럴 때 "시끄럽다!" 하면서 끝까지 버티라는 것, 회복시키실 것을 믿고 버티라는 것이 오늘 나훔 선지자가 전하는 말씀입니다.

공격당하는 니느웨

다음으로 나훔 선지자는 막강한 성 니느웨가 어떤 식으로 공격당할 것인지를 보여 주고 있습니다. "그의 용사들의 방패는 붉고 그의 무사들의 옷도 붉으며 그 항오를 벌이는 날에 병거의 철이 번쩍이고 노송나무 창이 요동하는도다"(2:3).

니느웨가 멸망한 것이 워낙 고대의 일이고 니느웨의 멸망에 대한 자료도 거의 없기 때문에, 나훔의 예언이 정확히 무엇을 의미하는지 이해하기란 대단히 어렵습니다. 그러나 적어도 그 당시에 이 예언을 액면 그대로 믿는 사람이 거의 없었으리라는 것은 능히 짐작할 수 있습니다. 이것은 실현 불가능한 일이었습니다.

베트남 전쟁을 생각해 보십시오. 그토록 엄청난 군사력과 무기를 가지고 있었던 미군이 패배할 것이라고 감히 누가 예상했겠습니까? 그런데도 결과는 미군의 패배로 나타났습니다. 구 소련의 붕괴도 마찬가지입니다. 그 거대한 공산주의 국가가 한꺼번에 무너지면서 여러 나라가 독립하게 될 줄 누가 알았겠습니까?

나훔이 붉은 군대가 니느웨를 무너뜨릴 것이라고 말했을 때, 그 말을 액면 그대로 믿는 사람은 아무도 없었습니다. 당시에는 붉은 군대라는 것 자체가 없었습니다. 그때는 붉은 색이 상당히 귀했을 뿐 아니라 어중이떠중이 다 잡혀와서 군인이 되었기 때문에 군복을 제대로 갖추어 입지 못했습니다. 그런 상황에서 군복뿐 아니라 방패까지 붉게 물들인 군대의 존재라는 것은 상상하기조차 힘들었을 것입니다.

"병거의 철이 번쩍이고"라는 것은 의역입니다. 원래 문장은 '병거에 불붙는 철이 있고'입니다. 그런데 불붙는 철이라는 것을 찾아볼 수 없으니까 병거에 붙인 철이 햇빛을 받아 번쩍이는 것으로 의역한 것입니다. 그러나 저는 적군이 야간 공격을 하기 위해 병거마다 횃불을 꽂아 놓았기 때문에 철이 불붙는 듯 보이지 않았나 생각합니다. "그 모양이 횃불 같고 빠르기 번개 같도다"라는 4절의 말씀과 연결시켜 보면, 이렇게 보는 편이 더 적절할 것 같습니다.

이 구절보다 더 어려운 구절은 "노송나무 창이 요동하는도다"라는 것입니다. 이 구절은 셰익스피어의 비극 《맥베스》를 생각나게 합니다. 맥베스는 "버남 숲이 움직이지 않는 한 망하지 않는다"는 예언을 듣습니다. 팔다리도 없는 숲이 어떻게 움직일 수 있겠습니까? 그런데 어느 날 정말로 숲이 움직이는 일이 일어났습니다. 어떻게 움직였을까요? 적군이 나뭇가지로 위장하고 오는 모습이 마치 숲이 움직이는 모습처럼 보였던 것입니다.

"노송나무 창이 요동하는도다"라는 말씀도 의역입니다. 원래 문장에는 '창'이라는 말 없이 '노송나무가 요동하도다'로 되어 있습니다. 니느웨에는 노송나무가 없습니다. 노송나무는 침엽수로서, 니느웨처럼 더운 나라에는 없는 나무입니다. 아마도 니느웨 사람들은 나훔의 예언을 듣고 코웃음을 쳤을 것입니다. "여기 어디 노송나무가 있다고 그래? 저 선지자 엉터리로구만." 그런데 니느웨를 공격하는 군사들이 노송나무로 만든 창을 들고 습격한 것입니다. 그래서 우리 성경에서는 아예 "노송나무 창이 요동하도다"라고 번역하고 있는데, 이것은 저자의 심중을 꿰뚫어 본 훌륭한 번역이라고 생각합니다.

4절은 적군이 니느웨 성으로 들어와서 구체적으로 어떻게 움직이는지를 보여 주고 있습니다. "그 병거는 거리에 미치게 달리며 대로에서 이리저리 빨리 가니 그 모양이 횃불 같고 빠르기 번개 같도다." 니느웨는 밤에 점령되었던 것으로 보입니다. 적군들이 병거에 횃불을 꽂고 달리는데, 얼마나 빨리 달렸는지 마치 번개가 치는 것 같았습니다.

이에 대해 니느웨는 어떤 반응을 보인다고 합니까? "그가 그 존귀한 자를 생각해 내니 그들이 엎드러질 듯이 달려서 급히 성에 이르러 막을 것을 예비하도다"(2:5). 여기에서 "존귀한 자"란 니느웨 성의 귀족들을 가리킵니다. 귀족들은 대개 전쟁에 나가지 않습니다. 그런데 이번에는 상황이 어찌나 다급한지 귀족들까지 전부 동원되어 넘어지고 거꾸러지며 성에 달려가서 직접 돌을 나르고 물을 긷는다는 것입니다.

지금까지 니느웨는 어느 누구도 감히 함락시킬 생각을 못할 정도로 강력한 난공불락의 성이었습니다. 그러나 신지자는 이런 니느웨가 공격을 받아 함락되는 장면을 마치 영화처럼 생생하게 보여 주고 있습니다. 붉은 군복을 입은 군대가 붉은 방패를 들고 온 병거에 횃불을 꽂고 공격하는 장면을 박진감 넘치게 묘사하고 있는 것입니다.

나훔 선지자가 이런 식으로 앗수르가 무너지는 장면을 구체적으로 묘사하는 이유가 무엇입니까? 그 이유는 다른 데 있지 않습니다. 사람들은 악한 세력이 영원히 계속될 줄 알지만 인간의 영광이나 권세는 한시적인 것에 불과하다는 사실을 강조하려는 것입니다. 중요한 장면은 슬로 모션으로 몇 번씩 반복해서 보여 줄 필요가 있습니다. 니느웨 같은 나라가 망하는 장면은 그냥 간단히 처리하고 넘어가면 안 돼요. 붉은 군대가 얼마나 빨리 쳐들어오고 횃불을 매단 병거들이 얼마나 빨리 달리는지, 노송나무가 어떻게 요동을 하고 귀족들이 얼마나 다급하게 맨발로 뛰어나와 돌을 나르고 물을 긷는지 슬로 모션으로 생생하게 보여 주어야, 사람들이 전율을 느끼면서 '하나님은 과연 살아 계시는구나!' 하고 깨닫는 것입니다.

앗수르는 어떤 나라였습니까? 주변 나라들의 죄를 심판하기 위해 하나님이 세우신 나라였습니다. 그런데 그들은 이웃 나라들의 죄를 심판하는 데서 그치지 않고, 한도를 넘어 엄청나게 많은 악을 범하였습니다. 이를테면 하나님께서는 조금 치라고 하셨는데, 그들은 아예 싹쓸이를 해 버리는 식이었습니다. 악한 사람들의 특징은 이처럼 통제가 안 된다는 데 있습니다. 참지 못하고 갈 데까지 다 가 버리는 것입니다. 그래서 준비되지 않은 사람이 권력을 얻는 것, 돈을 얻는 것, 높은 지위를 얻는 것은 축복이 아니라 저주입니다. 앗수르는 준비되지 않은 나라였습니다. 이렇게 준비되지 않은 나라가 절대권력을 얻으니까 갈 데까지 다 가 버려서 결국 멸망의 자리로 떨어지게 되었습니다.

그러나 하나님의 백성은 힘을 주시기 전에 주야로 징계하며 미리 준비를 시키십니다. 아무리 권력을 주고 돈을 퍼부어 주어도 교만해지지 못하도록 미리 연단하고 훈련시키십니다. 다윗을 보십시오. 사울을 통해 얼마나 많은 준비를 시키셨습니까?

하나님께서 우리에게 어려움을 주시는 것은 사랑하시기 때문입니다. 영원토록 버림받지 않게 하시려고 미리 어려움을 주어서 겸손하게 하시는 것입니다. 어려움을 당하던 당시에는 만사가 끝장난 것 같고 죽을 것 같아도, 막상 다 지나고 나서 보면 '그 어려움도 나의 교만을 다 없애기에는 부족했구나. 그런데 하나님께서 나를 많이 불쌍히 여기셔서 그 기간을 단축해 주셨구나' 하는 생각이 들 것입니다.

악의 세력은 일시적인 용도밖에 없습니다. 한 번 사용하고 버리는 일회용품인 것입니다. 그러나 하나님의 백성들은 영구히 버리지 않기 위해 미리 많이 연단하십니다. 그래서 권력을 가져도 남용하지 못하게 하시고, 돈을 가져도 욕심내지 못하게 하시며, 칼을 빼들어도 감정적으로 불필요한 범위까지 휘두르지 못하게 하십니다.

하나님의 백성은 이처럼 미리 어려움을 겪음으로써 교만이나 악을 멀리하게 될 뿐 아니라 의에 주리고 목마른 심령을 가지게 됩니다. 자기가 좋아하는 사람이라고 해서 봐주거나 싫어하는 사람이라고 해서 불공정하게 대하지 않고, 언제나 공평하고 정직하게 행하기를 힘쓰게 됩니다. 이런 사람이 힘을 얻어도 남용하지 않고 하나님의 뜻대로 사용하는 것입니다.

니느웨의 멸망

드디어 니느웨는 완전히 함락됩니다. "강들의 수문이 열리고 왕궁이 소멸되며 정명대로 왕후가 벌거벗은 몸으로 끌려가며 그 모든 시녀가 가슴을 치며 비둘기같이 슬피 우는도다"(2:6-7).

니느웨는 물의 도시였습니다. 운하를 파서 물을 끌어들였기 때문에 적들이 쉽게 공격할 수 없었습니다. 그런데 이제 그 수문들이 열려서 물이 다 빠져 나간다는 것입니다. 니느웨는 더 이상 난공불락의 성이 아닙니다. 평범한 일개 성일 뿐입니다. 니느웨의 왕후도 포로가 되어 벌거벗은 몸으로 끌려갈 것입니다.

　여기에서 문제가 되는 것은 "왕후"라는 말입니다. 히브리 성경에는 왕후라는 말이 없습니다. 단순히 여성 인칭대명사를 사용하고 있을 뿐입니다. 그러니까 원문 그대로 하면 '그녀가 벌거벗은 몸으로 끌려가며'라고 해야 합니다. 그렇다면 여기 나오는 그녀가 대체 누구일까요? 세 가지 입장에서 해석해 볼 수 있습니다.

　첫째는 우리 번역대로 앗수르의 왕후를 의미한다고 보는 것입니다. 왕후가 벌거벗은 채 끌려나왔다면 그 성은 이미 끝장이 났다고 보아야 할 것입니다.

　둘째는 니느웨의 여신을 의미한다고 보는 것입니다. 고대에는 전쟁이 끝나면 패배한 나라의 신상을 포로로 잡아서 끌고 가는 관습이 있었습니다. 당시 사람들은 나라 간의 전쟁을 신들의 전쟁으로 생각했기 때문입니다. 그래서 바벨론 사람들도 예루살렘을 함락시킨 후에 성전 기물들을 가져간 것입니다. 원래대로 하자면 법궤를 가져가야겠지만, 그때는 법궤가 사라지고 없었습니다. 어떤 이들은 예레미야가 어디에 감추었다고 말하기도 하고, 또 어떤 이들은 성전이 무너지면서 파묻혔을 것이라고 말하기도 하는데 정확한 것은 알 수가 없습니다. 이런 맥락에서 볼 때, '그녀가 벌거벗은 몸으로 끌려가며'라는 것은 니느웨 깊은 곳에 숨어서 수많은 사람들의 정신을 흐리게 만들고 죄에 취하게 만들었던 여신상이 드디어 밝은 하늘 아래 나무토막에 불과한 자기의 정체를 드러낸다는 뜻으로 볼 수 있습니다. 이렇게 본다면 시녀들은 이 여신을 섬기던 성전의 여사제들로 해석해야 할 것입니다.

셋째는 니느웨 성 자체를 의인화한 표현으로 보는 것입니다. 나라나 수도를 지칭할 때는 대개 여성형을 사용합니다. 그러니까 이 말은 니느웨 성 자체가 끌려나온다는 뜻이며, 니느웨 성 안에 있던 모든 것이 드러난다는 뜻이라는 것입니다. 세 가지 모두 타당성이 있는 해석입니다.

그러나 어느 해석을 취하든지 분명한 사실은, 니느웨가 부분적으로 망하는 것이 아니라 완전히 망해서 그 속에 있는 것들이 속속들이 드러난다는 것입니다. 이사를 하면 빛 바랜 골동품부터 시작해서 이불이나 전자제품 등 모든 살림살이가 환한 햇빛 아래 노출되게 되어 있습니다. 물론 요즘은 포장이사를 해서 노출이 되지 않지만, 옛날에는 속속들이 전부 드러났습니다. 또 은행에서 문제가 있는 직원이 있으면 강제로 휴가를 보낸 후에 그가 하던 일을 파헤치기 시작하는데, 그러면 그 사람이 저지른 비리가 속속들이 드러나게 되어 있습니다.

지금까지 사람들은 니느웨를 대단하게 여기고, 속에 무언가 엄청난 것이 들어 있을 것이라고 생각해 왔습니다. 그런데 막상 함락되어 그 속에 있는 것들이 다 끌려나오는 것을 보면 별 볼 일이 없다는 사실을 알게 될 것입니다.

"정명대로"라는 말도 중요합니다. 이것은 '이미 말씀하신 대로, 선포된 말씀 그대로' 라는 뜻입니다. 니느웨의 멸망은 이미 선포되어 있었습니다. 단지 사람들이 그것을 믿지 않았을 뿐입니다. 그런데 그 말씀 그대로, 정명대로 니느웨가 무너지고 그 속에 있던 모든 거짓된 것들이 속속들이 드러난다는 것입니다.

하나님께서는 이미 요나 선지자를 통해 니느웨의 심판을 예언하신 바가 있었습니다. 그때 니느웨 사람들은 무릎을 꿇고 하나님 앞에 일시적으로 겸비해졌습니다. 그러나 불과 얼마 지나지 않아 그 마음을 잊어버리고 다시 교만해져서 결국 심판을 맞이하게 되었습니다. 이번에는 니느웨 사람들도 무릎을 꿇지 않았습니다. 그 이유가 무엇입니까? 하나님께서 그들을 버리기로 이미 작정하셨기 때문입니다.

사실 믿지 않는 사람들의 회개는 진정한 회개가 아닙니다. 형편이 너무 어려워지니까 일시적으로 마음을 누그러뜨리고 죄짓는 속도를 늦추는 것이지, 자신의 삶을 아예 바꾸거나 하나님을 의지하며 살기로 결심하는 것이 아닙니다. 그래서 세례 요한이 요구한 것이 무엇입니까? 말로만 회개하지 말고 회개의 열매를 맺으라는 것입니다. 회개의 꽃만 피우다 말지 말고 삶의 방식을 근본적으로 바꾸라는 것입니다. 그래야 하나님의 긍휼하심을 얻을 수 있다는 것입니다. 도둑질하던 사람은 단순히 도둑질만 그만두면 안 됩니다. 많든 적든 자기 손으로 돈을 벌어서 가족을 부양해야 회개의 열매를 맺은 것입니다. 술 마시던 사람도 며칠 동안 술을 마시지 않는 데서 그치면 안 됩니다. 함께 술 마시던 친구 관계까지 끊어야 합니다. "아, 나는 전도의 의무가 있어" 하면서 계속 술친구들을 만나는 사람은 절대 술을 끊을 수가 없습니다. 술친구들을 끊고 교회 안에서 마음문을 열고 새로운 교제를 시작해야 열매를 맺은 것이지, 일시적으로 술을 끊었다고 해서 열매를 맺은 것이 아닙니다.

우리는 지난 몇 해 동안 너무나도 많은 사고와 어려움을 당했습니다. 이런 일들을 통해 하나님께서 가르쳐 주시는 것이 무엇입니까? 우리 마음을 좀 낮추라는 것입니다. 교만한 마음을 버리고 악의 속도를 좀 줄이라는 것입니다. 그렇게 하기만 해도 파멸적인 종말은 막을 수가 있습니다. 그런데 우리나라 사람들은 어려움이 닥친 그 당시에는 잠시 겸손해졌다가 위기가 지나가고 나자 다시 먹고 마시고 즐기면서 원래의 모습으로, 아니 오히려 더 심한 모습으로 돌아가 버린 니느웨 사람들의 특징을 그대로 보여 주고 있습니다.

이럴 때, 우리 그리스도인들이 먼저 겸손한 모습을 되찾아야 합니다. 소비의 규모를 줄이고 호화물품의 구입을 자제해야 합니다. 마치 어려운 환난에 처한 사람들처럼 절제해서 생활해야 합니다. 그래야 믿지 않는 사람들도 우리의 조심스러운 모습을 보면서 약간은 죄의 속도를 줄일 것입니다. 하나님의 정명은 이미 내려져 있습니다. 이 상태에서 우리가 할 수 있는 일은 하나님께서 이 땅의 사람들을 조금만 더 불쌍히 여기시도록 간구하는 것이며, 우리 자신이 먼저 아름다운 겸손의 모습을 보이는 것입니다.

오늘 성경이 말씀하는 것이 무엇입니까? 하나님께서 원래 우리에게 주고자 하시는 모습은 지금 우리 모습의 천 배, 만 배 더 아름다운 모습이라는 것입니다. 그런데 우리가 작은 것으로 만족하고 더 이상 구하지 않는다면, 그것은 겸손한 것이 아니라 어리석은 것입니다. 우리는 하나님께서 약속하신 축복을 갈망해야 하며 차지해야 합니다.

교회도 마찬가지입니다. 하나님께서 교회에 주시는 영광은 우리가 상상도 할 수 없는 엄청난 것입니다. 그런데 교인이 좀 늘었다, 헌금이 좀 늘었다, 프로그램이 좀 참신하다 하는 것으로 만족한다면 그것은 너무나 잘못 생각하고 있는 것입니다. 하나님이 주고자 하시는 영광스러운 교회의 모습, 능력 있는 원래의 모습을 되찾기 위해 갈망하며 부르짖어야 합니다.

진정한 믿음은 불 같은 시험을 통과한 믿음입니다. 다른 사람들이 세상적인 방법으로 모든 것을 차지할 때 절대 부러워하지 마십시오. 다른 사람들이 하나님의 말씀을 버리고 성공하며 형통할 때 절대 부러워하지 마십시오. 그것은 무서운 시험입니다. 그럴 때 "주님이 저를 알아주시지 않아도 저는 주님을 신뢰합니다. 주님이 저를 버리실지라도 저는 주님을 사랑합니다"라고 고백할 수 있는 사람만이 그 시험을 통과할 수 있습니다. 편안할 때 못 믿을 사람이 누가 있겠습니까? 열심히 믿으면 믿을수록 일도 제대로 안 되고 가족들도 손가락질하고 주위 사람들도 손가락질할 때, 변함없이 하나님을 신뢰하며 사랑하는 믿음이 진정한 믿음입니다.

악의 세력은 급속히 무너지게 되어 있습니다. 우리는 오늘 말씀에서 그것을 생생하게 볼 수 있습니다. 이것을 본 사람은 가족 중에 누가 떼부자가 되어 큰소리 탕탕 칠 때 부러워할 것이 아니라 "형님, 참 슬픕니다. 이것은 좋은 일이 아닙니다. 형님은 지금 굉장히 미끄러운 곳에 서 있는 것입니다" 하면서 오히려 애통해해야 합니다. 그것도 모르고 부스러기라도 하나 얻어먹으려고, 국물이라도 한 방울 얻어마시려고 아첨하고 빌붙다가는 매 맞고 쫓겨나기 십상입니다.

하나님께서 우리를 낮추시는 이유가 무엇입니까? 나중에 아무리 축복하셔도 변질되지 않도록, 끝까지 하나님께 사용되도록 하기 위해서입니다. 그렇게 우리를 연단하실 때 하나님의 손 아래 순종하고 기뻐하고 감사함으로써 하나님의 뜻을 다 이루어 드리는 능력의 사람, 성령의 사람이 되시기를 바랍니다.

니느웨의 멸망 6

2:8 니느웨는 예로부터 물이 모인 못 같더니 이제 모두 도망하니 "서라! 서라!" 하나 돌아보는 자가 없도다.
9 은을 노략하라! 금을 늑탈하라! 그 저축한 것이 무한하고 아름다운 기구가 풍부함이니라!
10 니느웨가 공허하였고 황무하였도다. 거민이 낙담하여 그 무릎이 서로 부딪히며 모든 허리가 아프게 되며 모든 낯이 빛을 잃도다.
11 이제 사자의 굴이 어디뇨? 젊은 사자의 먹는 곳이 어디뇨? 전에는 수사자, 암사자가 그 새끼 사자와 함께 거기서 다니되 그것들을 두렵게 할 자가 없었으며
12 수사자가 그 새끼를 위하여 식물을 충분히 찢고 그 암사자를 위하여 무엇을 움켜서는 취한 것으로 그 굴에 채웠고 찢은 것으로 그 구멍에 채웠었도다.
13 만군의 여호와의 말씀에 "내가 네 대적이 되어 너의 병거들을 살라 연기가 되게 하고 너의 젊은 사자들을 칼로 멸할 것이며 내가 또 너의 노략한 것을 땅에서 끊으니 너의 파견자의 목소리가 다시는 들리지 아니하리라" 하셨느니라.

2:8-13

우리는 그동안 우리나라에서 가장 크다고 할 만한 기업들이 망하거나 다른 사람의 소유로 넘어가는 것을 보아 왔습니다. 그렇게 큰 기업들이 망한 이유가 무엇입니까? 미래를 잘못 예측했기 때문입니다. 계속 경기가 좋으리라 예상하고 엄청난 돈을 끌어다가 투자했는데, 갑자기 경기가 나빠져서 물건이 팔리지 않거나 자금 회전이 안 되니까 무너질 수밖에 없었던 것입니다.

나훔 선지자는 니느웨의 멸망을 두 가지 비유로 설명하고 있습니다. 첫째는 많은 물이 고인 못의 비유입니다. 못이란 물길을 막아 큰 저수지로 만들어 놓은 곳입니다. 그렇기 때문에 밖에서 물이 흘러 들어오지 않고 새 나가기만 할 경우에는 자연히 바싹 마른 황무지가 될 수밖에 없습니다. 둘째는 새끼 사자를 키우는 부모 사자의 비유입니다. 이 사자들은 주위에 짐승이 많아서 마음대로 사냥하여 굴에 잔뜩 쌓아 놓고 새끼를 키울 수 있었습니다. 그런데 다른 짐승들이 다 떠나고 나니 더 이상 먹이를 사냥할 수가 없었습니다. 결국 이 사자들은 비참한 최후를 맞이할 수밖에 없었습니다.

하나님께서 앗수르라는 초강대국의 멸망을 이렇게 사실적인 비유로 설명하시는 이유가 무엇입니까? 어떻게 보면 세상은 임자 없는 초원이나 동산 같습니다. 그래서 힘만 세면 무엇이든지 할 수 있고, 야망과 능력만 있으면 얼마든지 자기의 목적을 달성할 수 있을 것 같습니다. 그런데 놀라운 사실은, 자기 야망과 능력만 믿고 달려왔던 사람들이 거의 목적을 달성하려 하는 그 순간에 생각지도 못했던 요인으로 인해 갑자기 몰락하는 일이 벌어진다는 것입니다. 하늘 무서운 줄 모르고 팽창을 거듭하던 기업이 거의 모든 것을 움켜쥐려고 하는 순간, 갑자기 정권이 바뀌든지 정책이 바뀌든지 세계정세가 바뀌어서 몰락하는 식입니다.

왜 이런 일이 일어납니까? 겉보기에는 세상이 주인 없는 동산 같지만, 사실은 눈에 보이지 않는 손의 통제를 받고 있기 때문입니다. 하나님께서는 어느 정도까지는 야망 있고 욕심 있고 능력 있는 사람들이 설치도록 내버려 두십니다. 그러나 일정 수준을 넘어가는 순간, 그들의 목을 내리눌러 갑자기 몰락시키십니다.

그러므로 우리는 항상 하나님의 전능하신 손 아래서 겸손한 법을 배워야 합니다. 한때 세상에서 권력과 부를 거머쥐고 큰소리치다가 결국에는 영원한 지옥의 고통에 몸부림치지 않으려면, 눈에 보이지 않는 하나님을 마치 눈에 보이는 것처럼 두려워하면서 살아야 합니다. 그러나 아직도 세상에는 권력과 성공과 돈을 향해 달려가는 사람들이 너무나 많습니다. 마치 세상이 자기들을 행복하게 해 줄 수 있는 것처럼 세상을 향해 두 팔을 벌리고 달려가는 사람들이 너무나 많이 있습니다.

세상에 있는 좋은 것들은 그림의 떡과 같습니다. 백화점에 진열된 상품들이 아무리 탐난다 하더라도 거저 가질 수는 없습니다. 거기에 해당되는 돈을 지불해야 비로소 나의 것이 되는 것입니다. 마찬가지로 세상에 있는 좋은 것들은 얼마든지 거저 가져갈 수 있는 것들이 아닙니다. 하나님이 주셔야 비로소 나의 것이 되는 것입니다. 세상에 있는 것들을 볼 때 그냥 아이쇼핑만 한다고 생각하십시오. 주인이 보이지 않는다고 멋대로 가질 생각을 하면 안 됩니다. 오직 하나님이 주신 것만 나의 것으로 여겨야 하며, 하나님께서 주시지 않는 것은 절대 욕심내지 말아야 합니다. 주인이 따로 계신 줄도 모르고 권력과 야망과 성공을 향해 멋대로 달려가는 사람은 니느웨처럼 하나님의 올무에 걸려 멸망할 것입니다.

니느웨에 대한 두 가지 비유

첫째로, 나훔 선지자는 니느웨를 엄청나게 많은 물이 모여 있는 거대한 못으로 비유하고 있습니다. "니느웨는 예로부터 물이 모인 못 같더니 이제 모두 도망하니 '서라! 서라!' 하나 돌아보는 자가 없도다"(2:8).

원래 니느웨는 물로 둘러싸인 성이었습니다. 유프라테스 강의 물을 끌어들여 성 주위를 호수로 만든 덕분에, 니느웨 성은 마치 못 위에 떠 있는 섬처럼 안전했습니다. 그러나 니느웨 성을 못으로 비유한 데에는 또 다른 이유가 있습니다. 못은 샘처럼 물을 스스로 만들어 내지 못합니다. 단지 흘러 나가는 물을 막아서 저수지를 이루고 있을 뿐입니다.

니느웨 성이 그토록 부강해질 수 있었던 것은 백성들이 열심히 농사를 짓거나 장사를 해서 돈을 벌었기 때문이 아니었습니다. 그들이 그토록 부강해질 수 있었던 것은 오로지 군사력 때문이었습니다. 어느 나라보다 호전적이었던 앗수르는 자신들의 호전적인 기질을 군사력으로 잘 집중시켜서 다른 나라들을 정복할 수 있었습니다. 물론 앗수르 이전에 있던 강대국들도 군사력의 우위를 바탕으로 주위 나라에서 조공을 받았습니다. 그러나 그들은 그들 나름대로 농사도 지었고 다른 생산활동도 하면서 조공을 받았습니다. 그러나 앗수르는 전혀 생산활동을 하지 않았습니다.

고대의 전쟁은 일종의 무력시위로서, 사람을 죽이는 데 목적이 있다기보다는 조공을 받는 데 목적이 있었습니다. 그런데 앗수르는 다른 나라를 공격할 때 단지 위협을 해서 조공만 받는 데 그치는 게 아니라, 모든 건물을 파괴했고 모든 백성을 멸절시켰습니다. 그러니까 다른 나라들까지 겁을 먹고 제발로 찾아와서 조공을 바친 것입니다.

이처럼 앗수르의 부강함은 생산적인 노력 없이, 다른 나라들을 잔인하게 공격함으로써 여러 나라의 조공을 독점적으로 끌어들인 결과로 얻은 것이었습니다. 우리는 앗수르 이후에 이런 나라들이 많이 등장한 것을 알고 있습니다. 마케도니아, 페르시아, 몽골 등, 정복을 통해 부를 누리는 나라들이 생겨나게 된 것입니다. 앗수르 사람들은 수고스럽게 농사를 짓고 목축이나 장사만 해서는 큰 부를 누릴 수 없다는 것을 알았습니다. 그래서 군사력으로 다른 나라를 정복하여 모든 소유를 빼앗아 왔습니다. 그들은 몇몇 나라를 완전히 초토화시킴으로써 자신들의 목적을 달성할 수 있었습니다. 그들의 잔인한 정복을 본 다른 나라들이 겁을 집어먹고 제 발로 보물을 들고 찾아왔기 때문입니다. 이렇게 보물이 앗수르 쪽으로 몰려들면서 앗수르는 끝을 알 수 없을 정도의 부를 누리게 되었습니다. '저러다가 니느웨 성이 터지지는 않을까' 싶을 정도로 수없이 많은 보물들이 니느웨로 흘러 들어왔습니다.

그러나 이러한 니느웨의 영광은 약간만 상황이 변해도 얼마든지 바닥으로 곤두박질칠 수 있는 불안한 것이었습니다. 이 부귀영화는 그들 자신의 힘으로 창출해 낸 것이 아니었기 때문입니다. 예를 들어 앗수르 내부에서 권력투쟁의 조짐이 나타나거나 앗수르보다 더 강한 나라가 등장할 시에는 앗수르에 집중되었던 힘과 재물이 급격히 다른 쪽으로 흘러 나갈 위험이 있었던 것입니다.

나훔 선지자는 "'서라! 서라!' 하나 돌아보는 자가 없도다"라고 말하고 있습니다. 못에서 물이 빠져 나갈 때에는 아무리 서라고 소리쳐 봐야 소용이 없습니다. 권력이 한번 새 나가기 시작하면 무슨 짓을 해도 다시 끌어올 수 없습니다. 그래서 권력을 잡았다가 놓은 사람들이 하는 말이 무엇입니까? '권력무상'이라는 것입니다. 자기 손에 권력이 있을 때에는 집이 문전성시를 이루었는데, 권력을 놓고 나니 개미 새끼 한 마리 얼씬거리지 않는다는 것입니다. 사실 그런 말을 하는 사람은 어리석은 사람입니다. 권력을 잡기 전에 진작 그 사실을 알았어야 합니다. 니느웨처럼 모아들인 돈이나 사람이나 권력은 한순간에 빠져 나가게 되어 있다는 것을 알고, 처음부터 다른 목적을 세웠어야 합니다. 무조건 끌어들이는 못을 만들 것이 아니라 우물을 파든지, 샘을 파든지 다른 방법을 생각했어야 합니다.

두 번째 비유는 새끼를 키우는 사자들의 비유입니다. "이제 사자의 굴이 어디뇨? 젊은 사자의 먹는 곳이 어디뇨? 전에는 수사자, 암사자가 그 새끼 사자와 함께 거기서 다니되 그것들을 두렵게 할 자가 없었으며 수사자가 그 새끼를 위하여 식물을 충분히 찢고 그 암사자를 위하여 무엇을 움켜서는 취한 것으로 그 굴을 채웠고 찢은 것으로 그 구멍에 채웠었도다"(2:11-12).

새끼를 키우고 있는 암수 한 쌍의 사자가 있었습니다. 그들은 주위에 짐승들이 많아서 마음껏 사냥을 할 수 있었습니다. 그래서 짐승들을 엄청나게 사냥해서 굴 속에 쑤셔 넣듯이 채워 놓았습니다. 사자들은 배가 불러서 못 먹으면 못 먹었지, 먹잇감이 부족해서 못 먹는 경우는 없었습니다. 그러다가 결국 어떻게 되었습니까? 사자가 얼마나 악하고 못된 짐승이며, 사자의 욕망이 얼마나 끝없는 것인지 깨달은 짐승들이 전부 그곳을 떠나 버렸습니다. 사자가 아무리 용맹한들 사냥감이 없으면 무슨 소용이 있겠습니까? 결국은 사자들도 굶어 죽든지 잡혀 죽을 수밖에 없습니다. 한때 먹잇감이 넘쳐나던 굴 또한 아무도 돌아보지 않는 폐허가 될 수밖에 없습니다.

두 가지 비유의 의미

나훔이 말한 못이나 사자굴에는 공통점이 있습니다. 첫째는 두 가지 다 만족할 줄 모른다는 것입니다. 못은 아무리 많은 물이 고여도 만족할 줄 모릅니다. 샘이나 우물은 자체에서 솟아나는 물만으로 유지되기 때문에 일정 정도 이상 커질 수가 없을 뿐 아니라 굳이 물을 가두어 둘 필요가 없습니다. 반면에, 못은 흐르는 물을 막아서 모아 두는 곳이기 때문에 원하기만 하면 얼마든지 확장시킬 수 있습니다.

니느웨는 이런 못처럼 여러 나라의 보물과 소유물들을 한없이 끌어모았습니다. "은을 노략하라! 금을 늑탈하라! 그 저축한 것이 무한하고 아름다운 기구가 풍부함이니라!"(2:9). 니느웨가 멸망한 후에 사람들이 성 안에 들어가 보고 놀란 것이 무엇입니까? 도대체 그동안 얼마나 도둑질을 했길래 이렇게 끄집어내고 또 끄집어내도 끝이 없느냐 하는 것입니다.

니느웨 사람들은 먹잇감이 이미 충분히 있는데도 또 사냥하러 나가는 사자처럼 만족할 줄 몰랐습니다. 정상적인 사자는 필요한 양 이상의 짐승을 죽이지 않습니다. 불필요하게 짐승을 많이 죽이면 결국 먹이가 줄어들어서 자신도 굶어 죽게 된다는 것을 알기 때문입니다. 그러나 니느웨 사람들은 단순히 새끼를 먹이려고 사냥을 하는 것이 아니라 다른 짐승을 죽이는 게 재미있어서 사냥을 하는 어리석은 사자들처럼 닥치는 대로 사람들을 죽이고, 끝없이 약탈물을 모아들였습니다.

예전에 천문학적인 돈을 은행에서 끌어들여 제멋대로 쓰다가 부도를 낸 기업가들에 대해 청문회를 벌인 적이 있었습니다. 그때 그들이 한 말이 무엇입니까? "우리에게 돈을 좀더 대 주었더라면 이렇게 망하지 않았다"는 것입니다. 그렇게 엄청난 돈을 끌어다 쓰고도 좀더 많은 돈을 받지 못한 것이 억울하다는 거예요. 그런 사람들은 돈을 끌어다 쓰는 데 이미 중독이 되어서 아무리 많은 돈을 끌어다 써도 만족할 줄 모르는 지경이 된 것입니다.

은행에 처음 10만원, 20만원 저축을 하면 굉장히 마음이 뿌듯하고 기쁩니다. 그러나 100만원, 200만원 돈이 쌓이다 보면 점점 기쁨이 사라지면서, 너무 적다는 생각이 들기 시작합니다. 돈을 모으는 일에 중독이 되기 시작하는 것입니다. 돈이 어느 정도 모이기 시작하면 내가 돈을 모으는 것이 아니라 돈이 나를 부리기 시작합니다. 그때부터는 아무리 돈을 모아도 만족이 없습니다. 돈 한푼 두푼이 소중하게 느껴지지 않는다면 이미 중독 증세가 시작되었다고 보아야 합니다. 그때부터 그 사람은 정상적인 분별력을 잃고 돈에 매달리게 되어 있습니다.

둘째로, 이 두 가지 비유는 자기 힘으로 소유를 얻지 않는다는 데 공통점이 있습니다. 못의 물은 스스로 솟아나는 것이 아니라 다른 곳으로 흘러가야 할 물길을 막아서 모으는 것입니다. 또 사자도 자기가 애써서 키운 짐승들을 잡아먹는 것이 아니라, 힘없는 짐승들을 함부로 사냥해서 잡아먹는 것입니다.

미국이 2차대전 후에 그렇게 부강해진 이유가 무엇입니까? 2차대전에 필요한 군수물자를 공급함으로써 전 세계의 돈을 끌어모은 덕분입니다. 우리나라의 기업들이 급성장한 것도 순수한 자기 노력 때문이 아니었습니다. 정치권과 결탁하여 금융 특혜를 받고 작은 회사들을 집어삼킴으로써 그렇게 커진 것입니다. 개중에는 거의 거저 줍다시피 회사를 인수하는 기업도 많았습니다.

그러나 지혜로운 사람은 결코 그렇게 하지 않습니다. 지혜로운 사람은 가속도가 붙을 때 스스로 브레이크를 잡아서 속도를 떨어뜨립니다. 기분이 난다고 해서 계속 속도를 높이면 결국 대형사고로 이어진다는 것을 알기 때문입니다. 그러므로 아무리 좋은 일이라도 속도가 붙는 것 같으면, 일단 브레이크를 잡아서 속도를 떨어뜨려야 합니다. 일이 걷잡을 수 없이 빨리 진행이 된다 싶으면, 스스로 속도를 줄여야 해요. 그러나 욕심에 중독된 사람들은 속도에 대한 위기의식이 없습니다. 속도가 나면 날수록 더 신이 나서 질주합니다. 또 주변에 몰려드는 사람들이 점점 늘어나기 때문에 자기만 원한다고 해서 쉽게 속도를 줄일 수 있는 것도 아닙니다.

그럴 때는 산으로 도망을 치든지 빈들로 도망을 쳐서라도 속도에 중독이 되지 않게 해야 합니다. 무엇이든지 적당한 것이 좋습니다. 그래야 하나님을 잃지 않습니다.

예수님께서 오병이어의 기적으로 5,000명을 먹이셨을 때 사역에 가속도가 붙기 시작했습니다. 유대인들은 흥분해서 예수님을 왕으로 모시려고 했습니다. 그때 예수님이 어떻게 하셨습니까? 산으로 도망쳐 버리셨습니다. 교회도 마찬가지입니다. 가속도가 막 붙기 시작할 때, 일이 막 잘되기 시작할 때, 브레이크를 잡아야 합니다.

앗수르의 성공 비결은 공포와 억압이었습니다. 사람들의 마음속에 두려움을 조장해서 미리 고개를 숙이고 보물을 들고 찾아오게 하는 것이었습니다. 그들은 브레이크를 잡지 못했습니다. 죄된 방법은 속도 조절이 안 됩니다. 일단 출발하고 나면 그때부터는 통제가 안 돼요. 청룡열차처럼 쫘악 달리다가 처박히는 수밖에 없습니다.

앗수르는 언제 결정타를 맞았을까요? 아마 예루살렘을 공격하러 갔다가 185,000명이 죽었을 때일 것입니다. 그 작은 성을 치기 위해 185,000명이나 동원했다가 전멸당했을 때, 아마 전 세계는 '앗수르도 별거 아니구나. 앗수르도 패배할 수 있구나' 하고 깨달았을 것입니다. 그때 앗수르는 이미 끝장난 것입니다. 공포심이 한번 손상을 입게 되면, 공포심에 의존해서 번성하던 세력 역시 걷잡을 수 없이 무너지게 되어 있습니다.

끝까지 보아야 한다

하나님의 백성들은 앗수르 같은 나라를 보면서 혼동을 겪기 쉽습니다. 하나님을 대적하는 앗수르는 말할 수 없는 부귀영화를 누리면서 잘살고 있는데, 믿음을 지키고 있는 자신들은 너무나 어려움을 겪으면서 고통 가운데 살고 있기 때문입니다. 그때 찾아오는 유혹이 무엇입니까? '믿음도 별거 아니구나. 하나님 믿는다고 누가 알아주나. 나도 한번 세상적인 방법으로 성공해 보자. 앗수르도 저렇게 성공해서 잘사는데 나라고 성공 못할 이유가 뭐가 있나' 하는 것입니다.

실제로 유다 왕들 중에도 앗수르와 결탁한 사람들이 있었습니다. 대표적인 인물이 아하스와 므낫세입니다. 히스기야가 개혁을 했지만, 아버지 아하스와 아들 므낫세가 앗수르를 좇아감으로써 유다는 결정적인 멸망의 길로 들어서고 말았습니다.

마귀는 예수님께 세상의 모든 영광을 보여 주면서, 자기에게 절만 하면 이 모든 것을 주겠다고 유혹했습니다. 하나님의 아들도 이렇게 대담하게 유혹했는데 우리라고 가만히 내버려 두겠습니까? 우리에게도 세상의 영광을 보여 주면서 "나한테 절만 하면 성공시켜 줄게. 유명하게 만들어 줄게. 부자로 만들어 줄게" 하고 유혹합니다. 그럴 때 우리는 분명하게 이야기해야 합니다.

"이 세상은 너의 것도 아니고 나의 것도 아니야. 이 세상은 하나님 거야. 하나님이 주시지 않으면 난 아무것도 갖지 않겠어."

"그러다가 폭삭 망할 텐데."

"망해도 괜찮아."

이 세상은 마치 주인 없는 빈 땅처럼 보입니다. 그래서 야망 있고 능력 있고 머리 좋은 사람이 노력만 하면 무한정 성공할 수 있을 것 같습니다. 그러나 사실 세상은 큰 울타리로 둘러싸인 자연농원 사파리와 같습니다. 주인이 동물들의 일거수일투족을 다 지켜보고 있습니다. 그러다가 정도를 넘어 지나치게 설치는 동물이 있으면 바로 올가미로 잡아서 끄집어내든지·가두어 버리는 것입니다.

앗수르가 누린 것 같은 세상의 영광에 대해 하나님께서 말씀하시는 바는 끝까지 지켜보라는 것입니다. 당장 눈앞에 보이는 현상만 가지고 이러쿵저러쿵하는 사람은 미련한 사람입니다. 1, 2년 겨우 지켜보고 하나님의 뜻이 이루어졌네, 안 이루어졌네 판단을 내리는 것은 너무나 성급한 짓입니다. 하나님께서는 악한 자를 천천히 심판하십니다. 하나님은 언제든지 그들을 통제할 자신이 있기 때문에 서두르지 않으십니다. 어느 수준까지는 마음껏 날뛰도록 내버려 두십니다. 그러다가 그들이 모든 것을 움켜쥐려고 하는 순간에 딱 잡아내십니다. 그럴 때 사람들은 '하나님은 정말 살아 계시는구나. 정말 이 세상을 전부 다스리고 계시는구나' 깨닫고 두려워하는 것입니다.

이 세상 권력자나 부자들이 마치 신이라도 된 양 절대적인 위치에 올라설 때가 있습니다. 온 세상이 그들 주변으로 몰려들 때가 있습니다. 그러나 하나님의 모래시계가 다 되어서 권력의 중심을 옮기시면, 마치 썰물이 빠져 나가듯이 모든 부와 권력과 사람들이 빠져 나가고, 그가 지은 죄상들이 낱낱이 세상에 공개될 것입니다. 그때는 그들이 아무리 힘을 내려 해도 힘을 낼 수가 없습니다. 한번 빠져 나가기 시작한 힘은 아무리 "서라! 서라!"고 해도 다시 되돌아오지 않습니다. 그것은 하나님의 손으로 이루어진 일이기 때문입니다.

한시적인 성격을 가진 세상 나라

하나님께서 니느웨를 키우신 것은 한시적인 목적 때문이었습니다. "니느웨가 공허하였고 황무하였도다. 거민이 낙담하여 그 무릎이 서로 부딪치며 모든 허리가 아프게 되며 모든 낯이 빛을 잃도다"(2:10).

"공허하며"라는 것은 사람이 없다는 뜻이고, "황무하였도다"라는 것은 그동안 채워 놓았던 것들이 다 사라져 버렸다는 뜻입니다. 니느웨는 원래 공허하고 황무한 곳이었습니다. 그런데 잠시 번성했다가 다시 원래 상태로 돌아가 버렸습니다.

하나님께서 처음 세상을 창조하실 때 땅은 혼돈하고 공허했습니다. 그런데 하나님께서는 아무것도 없는 그 땅을 아름답게 만들고 생물들로 번성하게 하셨습니다. 그 이유가 무엇입니까? 왜 지구를 다른 별과 달리 사람과 생물들이 살 수 있는 곳으로 만드셨습니까? 택한 백성들을 연단하고 훈련하시기 위해서였습니다. 마찬가지입니다. 하나님께서 니느웨를 키우신 것은 하나님의 백성을 훈련시키고 정결케 하시기 위해서였습니다. 이 목적만 달성되고 나면 니느웨는 다시 공허하고 황무한 원래 상태로 돌아가게 되어 있었습니다.

하나님께서 우리의 죄를 깨끗케 하시는 방식이 두 가지 있습니다. 한 가지는 물로 씻는 방법이고, 또 한 가지는 불로 녹이는 방법입니다. 옷에 묻은 얼룩이나 손에 묻은 때처럼 웬만한 것들은 물로만 씻어도 깨끗해집니다. 그러나 금이나 은 안에 찌끼가 혼합되어 있으면 아무리 물로 씻어도 깨끗하게 만들 수가 없습니다. 그럴 때는 불로 녹여서 불순물을 완전히 제거해야 합니다.

우리 안에는 부패한 본성과 죄에 대한 호기심이 있습니다. 그래서 옳지 않은 줄 알면서도 자꾸 죄를 짓습니다. 그럴 때 하나님이 어떻게 하십니까? 처음에는 물로 씻으십니다. 그러다가 안 되면 불로 녹이시는데, 아주 무섭게 녹이십니다. 대학교 졸업장도 녹이시고, 건강도 녹이시고, 돈도 녹이십니다. 아주 형체도 알아볼 수 없게 녹여 버리십니다. 그렇게 완전히 녹여서 불순물을 제거한 후에 다시 하나님의 백성을 빚으십니다. 하나님은 앗수르라는 불을 사용해서 이스라엘 백성들의 본질 속에 들어 있는 우상숭배와 부패의 불순물을 녹여 내셨습니다. 그리고 그 일이 끝나자 앗수르를 다시 공허하고 황무한 원래 상태로 돌려 놓으셨습니다.

우리에게는 반드시 고난이 필요합니다. 고난이 없으면 절대 순수해지지 않습니다. 하나님의 정결한 백성이 되려면 우리 몸을 수백 배, 수천 배 채우고도 남을 눈물을 흘려야 합니다. 구약시대 때는 이스라엘 백성들을 정결케 하는 방법이 앗수르나 바벨론의 용광로에 넣는 것이었습니다. 그래서 형체 없이 완전히 녹이지 않는 한, 이스라엘의 교만을 제거할 방법이 없었습니다.

그러나 신약시대에는 더 좋은 방법을 사용하십니다. 신약시대의 새로운 세탁법이 무엇입니까? 그것은 말씀의 용광로에 넣는 것입니다. 말씀을 들은 성도들의 특징은 과거와 달리 세상으로 마구 달려가지 못한다는 데 있습니다. 말씀을 모를 때는 자기 욕심대로 돈 버는 길로 달려가고 유명해지는 길로 달려갔습니다. 그런데 말씀을 듣고 나면 그렇게 달려갈 수가 없습니다. 하나님의 뜻을 찾기 위해 자꾸만 멈추어 서게 되기 때문입니다. 갈라디아서 말씀대로 육체의 소욕은 성령을 거스르고 성령의 소욕은 육체를 거슬러서 이쪽으로도 저쪽으로도 가지 못하게 만듭니다. 이를테면 유학을 가려니 하나님의 뜻이라는 확신이 서지 않고, 그렇다고 국내에 남아 있자니 딱히 할 일이 없는 식입니다. 그렇게 고민하다가 결국 나이만 잔뜩 들어 버립니다. 그래서 사실은 신약시대의 세탁법이 더 무섭습니다. 시간은 가는데 되는 일이 없어요. 그러니까 눈물과 한숨만 자꾸 나올 수밖에 없습니다.

그러나 이것이 복된 방법입니다. 하나님의 뜻을 찾기 위해서 망설이고 기다리는 것이 굉장히 귀한 일이에요. 결국에는 그렇게 울면서 기다린 사람들이 하나님의 뜻을 이루어 드리게 됩니다. 성경은 성령께서 시기하기까지 우리를 사모하신다고 말씀합니다. 성령께서 시기하시면 세상에서 되는 일이 없습니다. 여자들의 시기가 얼마나 강력합니까? 동네 망신을 시켜서라도 자기 남편을 지켜 내지 않습니까? 성령도 그렇게 하십니다. 우리가 욕심을 향해 달려가면 폐인이 되게 해서라도 되찾아 와서 하나님의 은혜 안에 거하게 하십니다. 그렇기 때문에 일단 하나님의 손에 걸려들면 빠져나갈 방법이 없습니다. 그냥 시키는 대로 순결해지는 수밖에 없습니다. 자꾸 반항해 봐야 시간만 오래 걸리고 힘만 더 듭니다. 하나님의 손에 걸려들었다 싶으면 빨리 세상 욕심 포기하고 믿음으로 자라나는 수밖에 없습니다.

니느웨 사람들이 얼마나 두려움과 공포에 떨고 있는지 보십시오. "거민이 낙담하여 그 무릎이 서로 부딪치며 모든 허리가 아프게 되며 모든 낯이 빛을 잃도다"(2:10 하).

이 구절에는 신체의 여러 부분들이 나오고 있습니다. "낙담하여"라는 구절의 원문은 '가슴이 녹아'입니다. 하나님께서 내리누르시면 가슴이 녹아 무릎이 부딪치며 허리가 꺾이고 얼굴이 하얗게 질립니다. 니느웨 사람들은 남들을 수없이 그렇게 만들었지만 자신들은 그런 상태를 경험하지 못했습니다. 그런데 이제는 자신들도 같은 일을 당하게 된다는 것입니다.

13절을 보십시오. "만군의 여호와의 말씀에 '내가 네 대적이 되어 너의 병거들을 살라 연기가 되게 하고 너의 젊은 사자들을 칼로 멸할 것이며 내가 또 너의 노략한 것을 땅에서 끊으리니 너의 파견자의 목소리가 다시는 들리지 아니하리라' 하셨느니라."

하나님께서는 악한 자를 어느 정도 내버려 두시다가, 그가 한껏 교만해져서 일정 수준을 넘어서면 직접 원수가 되어 내리치십니다. 악한 자가 아무리 강한들 어떻게 하나님과 싸워 이길 수 있겠습니까? 결국 악은 한번 넘어지면 다시는 재기하지 못하게 되어 있습니다.

오늘 말씀의 목적은 단순히 과거에 이스라엘을 삼키고 유다를 괴롭히던 앗수르가 망했다는 역사적인 사실을 우리에게 알리려는 데 있지 않습니다. 우리가 기억해야 할 것이 무엇입니까? 악한 자가 성공하고 득세하는 것은 우리에게 무서운 유혹이 된다는 사실입니다. 사람들이 세상적인 방법으로 잘되는 것을 보면 나도 신앙을 좀 포기하더라도 성공하고 싶은 욕심이 생깁니다. 그러나 그것은 잠깐의 성공을 위해 하나님을 나의 원수로 만드는 어리석은 짓입니다. 우리 한 사람 한 사람에게는 하나님이 주신 뜻이 있고 계획이 있고 임무가 있습니다. 세상에서 잘되는 것이 중요한 것이 아니라, 그 계획과 임무를 감당하는 것이 중요합니다.

우리는 세상에서 많이 가지는 것이 결코 행복이 아니라는 사실을 알아야 합니다. 사람들이 보기에는 돈을 많이 모으는 사람이 행복한 사람 같습니다. 그러나 돈을 많이 모은다고 해서 별다를 것이 뭐가 있습니까? 옷을 한꺼번에 수십 벌씩 껴 입고 다니겠습니까? 밥을 하루에 다섯 끼, 열 끼씩 먹겠습니까? 기껏해야 자기에게 돈이 많다는 정신적인 만족감과 다른 사람들이 자기 앞에서 굽실거리는 것을 볼 때의 교만한 만족감밖에 없지 않습니까? 그러나 그런 사람이 돈을 다 잃었을 때의 고통은 그 만족감의 몇십 배에 이를 것입니다.

이 세상에서 악착같이 돈을 많이 모으는 것은 하나님의 원수가 되는 길입니다. 거듭 말하지만 우리는 적당한 수준에서 만족하는 법을 배워야 합니다. 속도가 좀 붙는다는 생각이 들면 무슨 수를 써서라도 속도를 줄여서 하나님의 은혜에서 튕겨 나가지 않게 해야 합니다.

세상에서 가장 존귀하고 가치 있는 일은 하나님을 알아 가는 것입니다. 세상에 있는 모든 것은 하나님의 그림자입니다. 그림자를 가지고 놀아봐야 아무것도 남지 않습니다. 이 모든 것의 실체는 하나님이십니다. 하나님을 붙드는 것만이 영원한 것을 붙드는 길입니다. 부자가 되는 것이 축복이 아닙니다. 공무원이면 공무원 일을 성실히 한 뒤에 하나님을 알아 가는 것, 환경미화원이면 환경미화원 일을 열심히 한 뒤에 땀을 씻고 하나님 말씀 앞으로 나아오는 것이 최고의 축복이요, 영원히 빼앗기지 않을 축복입니다. 그림자를 사랑하는 사람은 하나님의 미움을 받게 되어 있습니다.

또한 세상에서 가장 위대한 일은 많이 소유하는 것이 아니라 남을 위해 많이 쓰는 것이며 많이 사랑하는 것입니다. 돈이나 권력이나 지식이나 건강은 남을 사랑하고 도와주라고 밑천으로 주신 것입니다. 우리는 그것을 긁어모을 생각을 할 것이 아니라, 남을 사랑하며 행복하게 해 주는 데 쓸 생각을 해야 합니다. 밑천 자체는 나쁜 것이 아닙니다. 그러나 밑천을 밑천으로 쓰지 않고 목적으로 삼아 버릴 때, 우리는 하나님의 원수가 되어 버립니다.

세상에서 최고로 위대한 사람은 큰 사업을 하는 사람도 아니고 위대한 설교자도 아닙니다. 하나님 앞에서 최고로 위대한 사람은 남을 많이 사랑한 사람입니다. 특히 사랑할 이유가 없는 사람들, 원수들, 미운 사람들, 나에게 상처를 준 사람들, 교회에서 나에 대한 헛소문을 퍼뜨리고 다니는 사람들을 참아 주고 사랑하는 자들이야말로 최고로 위대한 자들입니다. 하나님께서는 심판하실 때 "회사에서 얼마나 높은 자리까지 올라갔느냐?", "얼마나 큰 교회 맡아서 목회했느냐?", "동산이 얼마고 부동산이 얼마냐?"를 묻지 않으십니다. "네 원수를 몇 명이나 사랑했느냐?", "얼마나 많은 사람들을 행복하게 해 주었느냐?"를 물으십니다. 이것이 심판의 기준입니다.

이 세상의 권력과 부귀는 모래성과 같습니다. 아무리 멋지게 쌓아 놓아도 바람이나 파도가 한번 쓸고 지나가면 아무것도 남지 않습니다. 영원히 무너지지 않는 견고한 성은 하나님의 말씀을 붙드는 성도들의 공동체뿐입니다. 이 공동체에 신실하게 포함되어 있는 사람만이 세상의 급류에 휩쓸려 가지 않습니다. 확실히 이 성에 뿌리를 내리기 위해 다른 사람들보다 조금 늦게 출발하는 것을 두려워하지 마십시오. 세상의 급류에 휩쓸리는 것보다 남들보다 한 걸음 늦게 사회생활 하는 게 낫고, 한 걸음 늦게 결혼하는 게 낫습니다. 그리스도인의 공동체에 깊이 뿌리를 내리는 일에 가장 앞선 우선순위를 두십시오.

그렇다면 교회가 해야 할 일은 무엇입니까? 가장 중요한 일은 진리의 촛대를 빼앗기지 않는 것입니다. 말씀의 촛대가 꺼져 버리면 교회는 절대 세상을 이길 수 없으며 세상을 이끌어 갈 수 없습니다. 다른 것은 다 미루어 두고서라도 하나님의 말씀을 정직하고 신실하게 붙들며 기도합시다. 말씀은 뒷전으로 한 채 세상에 직접 돈을 주고 물건을 주는 것은 진짜 세상을 돕는 길이 아닙니다. 교회가 세상을 돕기 위해 해야 할 일은 자기의 위치를 지키는 것이며, 성령의 등불을 꺼뜨리지 않는 것입니다. 그러면 니느웨 같은 악의 세력이 일어날 필요가 없습니다.

13절 말씀을 다시 보십시오. "만군의 여호와의 말씀에 '내가 네 대적이 되어 너의 병거들을 살라 연기가 되게 하고 너의 젊은 사자들을 칼로 멸할 것이며 내가 또 너의 노략한 것을 땅에서 끊으리니 너의 파견자의 목소리가 다시는 들리지 아니하리라' 하셨느니라."

앗수르의 번영은 한여름 밤의 꿈 같은 것이었습니다. 하나님의 백성들이 처음부터 말씀 안에 제대로 섰더라면 앗수르 같은 몽둥이가 필요 없었을 것입니다. 우리가 믿음에 정직하게 서는 것만이 세상에 진정한 평화를 가져오는 길입니다. 전쟁 같은 악한 몽둥이는 믿는 자들이 제 자리에서 이탈할 때 등장한다는 것을 기억하십시오. 진리의 촛대가 옮겨지지 않도록 하나님의 말씀에 헌신할 때, 우리에게서 성령의 역사가 끊임없이 흘러나갈 때, 앗수르 같은 세력은 다시 일어나지 않을 것이며 세상은 우리로 인해 평화를 누리게 될 것입니다.

니느웨의 음행 7

3:1 화 있을진저, 피 성이여, 그 속에서는 궤휼과 강포가 가득하며
 늑탈이 떠나지 아니하는도다!
2 휙휙 하는 채찍 소리, 꽹꽹 하는 병거 바퀴 소리, 뛰는 말, 달리는 병거,
3 충돌하는 기병, 번쩍이는 칼, 번개 같은 창, 살육 당한 떼, 큰 무더기 주검,
 무수한 시체여, 사람이 그 시체에 걸려 넘어지니
4 이는 마술의 주인 된 아리따운 기생이 음행을 많이 함을 인함이라.
 그가 그 음행으로 열국을 미혹하고 그 마술로 여러 족속을 미혹하느니라.
5 만군의 여호와의 말씀에 "내가 네 대적이 되어서 네 치마를 걷어쳐 네 얼굴에
 이르게 하고 네 벌거벗은 것을 열국에 보이며 네 부끄러운 곳을 열방에 보일 것이요
6 내가 또 가증하고 더러운 것을 네 위에 던져 능욕하여 너로 구경거리가 되게 하리니
7 그때에 너를 보는 자가 다 네게서 도망하며 이르기를 '니느웨가 황무하였도다.
 누가 위하여 애곡하며 내가 어디서 너를 위로할 자를 구하리요?' 하리라" 하시도다.

3:1-7

수년 전에 감옥에서 출소한 깡패 두목이 자신의 생애를 소재로 영화를 만들어 화제가 된 적이 있습니다. 깡패가 하는 일이라는 게 다 떳떳치 못한 것들뿐인데, 도대체 뭘 보여 주려고 영화를 만들었는지 모르겠습니다. 최근에 우리나라에서 몇십만 명씩 관객을 불러모으고 있는 영화들 중에는 조직폭력배를 소재로 한 것이 많습니다. 영화는 고사하고 그 영화를 광고하는 동안에도 폭력을 휘두르는 장면이 얼마나 많이 나오는지 모릅니다.

조직폭력배는 분명히 나쁜 것인데 왜 사람들은 그 집단에서 쉽게 빠져 나오지 못하는 것이며, 일반인들은 그런 소재로 만든 영화를 좋아하는 것일까요? 그 세계에는 그 세계 나름대로의 매력이 있기 때문입니다. 그 매력은 아주 단순합니다. '두목은 나를 알아준다. 우리는 의리에 살고 의리에 죽는다'는 것입니다. 누구한테도 인정받지 못하다가 두목에게 한번 인정을 받으면, 그것이 전부인 양 목숨을 걸고 충성을 바치는 것이 폭력을 휘두르는 사람들의 특징입니다.

이런 집단의 두목은 대개 두 가지 방법으로 부하들을 다스립니다. 한 가지는 자기에 대한 신화를 만드는 것입니다. 이를테면 무슨 파 건달 수십 명과 단독으로 대결해서 이겼다든지, 천하의 강적을 꺾었다든지 하는 이야기를 만들어 내는 식입니다. 그 이야기들은 대개 거짓말이거나, 사실이더라도 엄청나게 부풀려진 것들입니다. 그런데 부하들은 이상하게도 아무 의심 없이 그것을 믿어 버립니다. 또 한 가지 방법은 보복입니다. 즉, 조직을 배반하는 사람들을 잔인하게 처벌하는 것입니다. 이런 것들 때문에 부하들은 폭력배의 세계가 떳떳하지 못한 범죄집단이라는 것을 알면서도 쉽사리 빠져 나오지 못합니다.

그런데 이 악의 집단을 빠져 나오게 되는 때가 언제입니까? 자기의 눈을 덮어씌우고 있던 꺼풀이 떨어져 나가서 악의 실체를 보게 될 때입니다. 두목의 비열함을 목격한다든지, 너무 힘없는 사람에게 터무니없이 폭력을 휘두르는 광경을 본다든지, 전에 이 집단에서 빠져 나간 동료가 새롭게 건강한 삶을 사는 것을 볼 때, 또는 그들이 설득하는 말을 들을 때 갑자기 정신이 번쩍 들면서 자신도 여기에서 빠져 나가야겠다는 생각이 들 수 있습니다.

오늘 본문은 니느웨가 멸망하는 모습을 하나님의 관점에서 생생하게 보여 주고 있습니다. 구약 선지서를 읽을 때 어려운 점은 메시지의 핵심을 찾기가 어렵다는 것입니다. 비슷비슷한 표현들이 계속 반복되기 때문에 정확한 핵심을 찾아 내기가 대단히 어렵습니다. 성경은 니느웨가 망했다는 역사적인 사실을 알려 주는 데서 끝내려 들지 않습니다. 니느웨의 멸망에 나타난 악의 속성과 그 결과를 최대한 많이 밝히기 위해, 한 번 있었던 니느웨의 멸망을 이 각도에서도 찍어서 보여 주고, 저 각도에서도 찍어서 보여 줍니다. 그래서 비슷한 말씀이 자꾸 반복해서 나오는 것입니다.

오늘 본문은 '사람들이 왜 그토록 오랫동안 니느웨에 속아서 떠나지 못했는가?'라는 질문에 초점을 맞추고 있습니다. 왜 이렇게 많은 사람들이 니느웨에서 죽었는가, 왜 이렇게 많은 사람들이 니느웨에 헌신했는가에 초점을 맞추고 있는 것입니다. 니느웨에는 악이 풍기는 매력이 있었습니다. 무지막지하게 살인을 자행하는 파괴자였음에도 불구하고 사람들을 끌어당기는 매력이 있었습니다. 사람들은 그 단맛에 속아서 끝까지 니느웨를 배신하지 못했습니다.

이것이 동독과 북한의 차이일지도 모르겠습니다. 동독은 쉽게 허물어진 데 반해, 북한은 그렇게 기아선상에서 허덕이면서도 정권에 충성을 바치고 있습니다. 북한 정권은 사람들에게 어떤 신화, 거짓된 믿음을 심어 줌으로써 나라 전체를 일종의 종교집단으로 만들어 버렸습니다. 그래서 굶어 죽어가면서도 끝까지 충성하는 사람들이 그렇게 많은 것입니다.

나훔 선지자가 말씀하는 것이 무엇입니까? 하나님의 백성들은 악의 매력에 속으면 안 된다는 것입니다. 그것이 사실은 얼마나 터무니없는 것인지 꿰뚫어 보아야 한다는 것입니다. 하나님을 의지하지 않고 사람을 의지하는 것이 얼마나 어리석은 일인지 보아야 한다는 것입니다. 유다에도 앗수르의 매력에 끌린 왕들이 있었고, 앗수르를 인정하고 의지하자는 현실파들이 있었습니다. 그에 대해 나훔 선지자는 "악이 강한 것은 현실이 아니다. 속임수다. 우리는 악의 세력과 타협할 것이 아니라 경멸해야 한다"는 것을 대담하게 보여 주고 있습니다.

니느웨의 속성

앗수르는 어떤 나라입니까? 하나님께서는 니느웨를 다음과 같이 한마디로 정의하고 계십니다. "화 있을진저, 피 성이여, 그 속에서는 궤휼과 강포가 가득하며 늑탈이 떠나지 아니하는도다!" (3:1)

니느웨는 한마디로 "피 성"이었습니다. 다시 말해서 눈에 보이는 니느웨의 화려함은 수많은 사람들의 희생 위에 얻어진 것이라는 뜻입니다. 사람들은 겉으로 보이는 것만 가지고 평가합니다. 니느웨의 규모가 얼마나 큰지, 성을 쌓은 재료는 무엇인지, 성을 둘러싸고 있는 운하는 얼마나 가치 있는 것인지, 성 안에 얼마나 많은 사람들이 살고 있으며 경제적으로 얼마나 부강한지만 따지려 듭니다. 그러나 하나님께서는 그런 것을 보시지 않습니다. 하나님께서 보시는 것은 이 성이 어떤 과정을 거쳐 세워졌느냐 하는 것입니다.

지금 니느웨 성은 수많은 물건과 사람으로 가득합니다. 아마 전 세계의 진기한 물건들이 다 모여 있었을 것입니다. 그러나 하나님께서는 물건과 사람으로 가득하다고 말씀하시지 않습니다. 오히려 궤휼과 깅포가 가득하며, 늑탈이 쉼없이 계속되고 있다고 말씀하십니다. 한마디로 니느웨는 수많은 사람들을 죽이고 그들의 물건을 약탈함으로써 세워진 피의 성, 불의의 성이었습니다.

그렇다면 하나님께서는 왜 이 피의 성이 건설되도록 내버려 두셨을까요? 이에 대한 대답은 한 가지밖에 없습니다. 즉, 큰 사기꾼은 작은 사기꾼들의 심판자 역할을 한다는 것입니다. 자연세계를 보면 특별히 청소부 역할을 하는 생물들이 있습니다. 우리가 보기에는 별것 아닌 것 같아도 이런 생물들이 없으면 자연세계에는 심각한 문제가 발생하게 됩니다. 독수리나 하이에나는 죽은 동물의 시체를 마지막으로 처리하는 육식동물들입니다. 이런 동물들이 없다면 세상은 해체되지 못한 동물들의 시체로 가득 차 버릴 것입니다.

니느웨의 역할이 바로 그런 것이었습니다. 사람들은 니느웨만 악하다고 생각했지만, 사실은 온 세상이 악으로 가득 차 있었습니다. 그래서 하나님께서는 니느웨를 청소부 삼아 자기 악으로 모든 나라를 집어삼키게 하심으로써, 수많은 약탈과 부정을 심판하셨습니다. 그렇다고 니느웨가 옳다는 것은 아닙니다. 하나님께서는 분명히 니느웨를 심판하겠다고 말씀하십니다.

하나님께서는 세상의 작은 악들을 일일이 직접 심판하시지 않습니다. 생물들이 먹이사슬에 따라 잡아먹고 잡아먹히듯이 악의 세력들끼리 서로 먹고 먹히게 하심으로써 균형을 유지시키시며, 사람들로 하여금 악이 어떤 것인지 깨닫게 하십니다. 그리고 최후에 가장 악한 자를 심판하심으로써 자신의 의와 능력을 보여 주십니다.

그런데 문제는 악한 자들이 자기들끼리만 물고 뜯는 것이 아니라 성도들도 공격할 때가 있다는 것입니다. 그럴 때는 어떻게 해야 합니까? 악의 세력과 타협하거나 악의 세력을 자극하지 말고 잘 인내해야 합니다. 타협하면 도매금으로 같이 넘어가게 되고, 그렇다고 자극하면 한 대 맞고 넘어갈 것을 열 대 맞고 고생하게 됩니다. 악이 날뛸 때에는 굉장히 지혜로워져야 합니다. 악이 득세한다고 해서 빌붙어서 득을 얻으려 하면 나중에 고구마 줄기 엮이듯이 다 엮여서 심판받게 되어 있습니다. 그렇다고 굳이 제 발로 찾아가서 "이 악의 세력아! 너는 반드시 망할 것이다"라고 소리치면서 자극할 필요도 없습니다.

니느웨의 엄청난 살육

2절과 3절은 나훔 선지자가 환상 가운데 본 장면인 것 같습니다. "휙휙 하는 채찍 소리, 굉굉 하는 병거 바퀴 소리, 뛰는 말, 달리는 병거, 충돌하는 기병, 번쩍이는 칼, 번개 같은 창, 살육 당한 떼, 큰 무더기 주검, 무수한 시체여, 사람이 그 시체에 걸려 넘어지니." 원문에는 단순히 '채찍 소리, 병거 바퀴 소리'로 되어 있는데, 우리말 성경은 의성어를 첨가하여 더 실감나게 번역하고 있습니다.

나훔 선지자는 마치 종군기자처럼 살육의 현장 깊숙이 들어가서 무서운 전투 장면을 생생하게 전달해 주고 있습니다. 말을 채찍질하는 소리, 엄청난 병거의 바퀴 소리, 뛰는 말발굽 소리, 번쩍이는 칼과 창, 수많은 시체 더미를 들려 주고 보여 주면서 우리에게 던지고 있는 질문이 무엇입니까? '니느웨는 분명히 악한 세력인데, 왜 사람들이 끝까지 충성하다가 이런 멸망을 당하게 되었는가?'라는 것입니다. 니느웨가 멸망당하기 전에 도망치면 목숨이라도 구할 수 있지 않습니까? 왜 끝까지 니느웨를 배신하지 못하고 끝까지 믿고 따르다가 이렇게 망해 버린 것입니까?

4절을 보십시오. "이는 마술의 주인 된 아리따운 기생이 음행을 많이 함을 인함이라. 그가 그 음행으로 열국을 미혹하고 그 마술로 여러 족속을 미혹하느니라." 이것입니다. 사람들이 분명히 망하게 되어 있는 악의 세력에 끝까지 충성한 것은 니느웨가 마술을 부렸기 때문입니다. 즉, 기생이 음행으로 사람들의 마음을 사로잡듯이 많은 나라 사람들의 마음을 사로잡고 거짓된 확신을 불어넣었기 때문입니다. 그들은 '니느웨를 따르기만 하면 우리 미래는 보장이 된다. 니느웨는 망하지 않는다. 니느웨는 영원하다'고 굳게 믿었습니다.

아마도 니느웨는 양면정책을 펼쳤던 것 같습니다. 적대적인 자들은 사자같이 물어뜯어서 철저하게 파괴시킨 반면, 자기들에게 복종하고 따르는 자들은 기생이 손님에게 잘해 주듯이 아주 잘해 준 것입니다. 그들은 자신들을 거부하는 나라는 철저하게 응징하고 보복했습니다. 그러나 자신들을 따르는 나라는 인정해 주고 혜택을 줌으로써 제 편을 삼았습니다.

일제시대 때 통치방법도 그와 같았습니다. 일본인들은 독립운동가들과 반일 세력들은 엄청나게 고문하고 때리고 죽인 반면, 친일 세력들한테는 "우리는 같은 천황 밑에 있다"고 하면서 승진도 시켜 주고 혜택도 많이 주었습니다. 북한도 철저하게 사자와 기생 정책을 쓰고 있습니다. 체제에 반대하는 사람은 무섭게 숙청하지만, 충성하는 사람에게는 여러 가지 혜택과 옷 전체를 도배할 정도로 많은 훈장을 줍니다. 그 매력 때문에 사람들이 끝까지 붙들려 있는 것입니다.

나훔 선지자가 하는 말씀이 무엇입니까? 어리석은 사람들에게는 이 정책이 먹혀 든다는 것입니다. 그들은 끝까지 니느웨가 지켜 주리라고 믿고 충성을 다한다는 것입니다. 채찍이 휙휙 날리고 병거가 꽝꽝 달리고 창과 칼이 부딪치면서 시체가 산처럼 쌓여 가고 있는데도 니느웨는 망하지 않는다고 믿는다는 것입니다.

마귀는 우리에게 현실을 인정하라고 속삭입니다. 즉, 악을 실세로 인정하라는 것입니다. 악의 논리, 힘의 논리를 받아들이라는 것입니다. "이 세상이 어떤 세상이냐? 힘있는 사람이 잘되고 처세에 능한 사람이 잘되는 세상 아니냐? 힘없이 진리를 붙드느니 악해도 힘있는 편이 낫다. 알아주지도 않는 진리를 붙들겠다고 빌빌거리고 사느니 세상과 타협해서라도 성공하는 편이 낫다. 그러면 세상에서는 적어도 형통할 수 있지 않느냐? 신앙이란 죽은 후의 세계를 위한 것이니, 현실에서 살 때는 현실의 논리를 따르라"는 것입니다.

나훔은 이것을 기생의 음행에 비유하고 있습니다. 기생은 손님이 오면 진심으로 사랑하는 척합니다. 버선발로 뛰어 나와서 눈물까지 흘리며 사랑한다고 말합니다. 그런데 문제는 누구한테나 그렇게 한다는 것입니다. 결국은 기생에게 실컷 이용당하고 배신당한 후에야 자신이 속았다는 것을 깨닫게 됩니다.

사람들은 앗수르의 화려하고 아름다운 겉모습에 속아넘어갔으며, 그 현실성에 속아넘어갔습니다. 어찌 되었든지 간에 앗수르가 전 세계를 손에 넣고 있는 것이 현실 아닙니까? 그렇다면 그 현실을 인정하고 따라가야 살 수 있지 않겠습니까?

예수님께서는 요한복음 10장 10절에서 이렇게 말씀하셨습니다. "도적이 오는 것은 도적질하고 죽이고 멸망시키려는 것뿐이요 내가 온 것은 양으로 생명을 얻게 하고 더 풍성히 얻게 하려는 것이라." 행복은 물질적인 데 있지 않습니다. 권력에 있지도 않습니다. 진정한 행복은 그의 소유가 얼마나 많으냐, 그의 지식이 얼마나 대단하냐에 있지도 않습니다. 진정한 행복은 영혼의 상태에 달려있습니다. 영혼이 건강한 사람은 풍성한 삶을 살 수 있습니다. 그러나 영혼이 병든 사람은 돈이 많아도 불안하고, 높은 자리에 올라가도 불안합니다. 예수님께서는 진정한 행복을 줄 수 있는 분은 자신밖에 없다고 말씀하십니다. 우리가 진정으로 행복해지려면 죄가 치료되어야 하는데, 예수님 외에는 죄를 치료해 주실 분이 없기 때문입니다.

돈으로, 권력으로, 지식으로 행복하게 해 주겠다는 것은 다 거짓말입니다. 거기 속아넘어가면 안 됩니다. 회사에 충성하면 미래를 보장받을 수 있다고 생각해서 모든 것을 바쳤던 사람들이 어떻게 되었습니까? 권력에 충성해서 높은 자리에 올랐던 사람들이 어떻게 되었습니까?

점치는 사람들이 자꾸 점에 빠져드는 것은, 한두 번 맞아떨어지는 것이 신기해서 점점 더 점쟁이를 의지하게 되는 탓입니다. 이처럼 미신은 사람의 마음을 점점 유치하게 만들어서 나중에는 자신의 힘으로 아무것도 못하게 한다는 특징이 있습니다. 그러나 예수님의 진리는 알면 알수록 나의 가치를 되찾고, 분별력을 되찾고, 이성을 되찾게 만듭니다. 사람을 의존적으로 만드는 것, 부속품으로 만드는 것은 진정한 사랑이 아닙니다. 진정한 사랑은 상대방이 자기 자신을 되찾도록, 분별력을 되찾도록, 자신감을 되찾도록, 그래서 홀로 설 수 있도록 도와주고 격려해 주는 것입니다.

앗수르의 마술이 무엇입니까? 아무것도 스스로 생각하지 말라는 것입니다. "우리 앗수르만 믿어라. 니느웨만 믿어라. 우리가 모든 것을 해결해 주겠다"는 것입니다. 깡패 두목들이 하는 일이 바로 그것 아닙니까? 돈 뭉치 하나 던져 주면서 "넌 아무 걱정 말고 내가 시키는 대로만 해!"라고 말하는 것 아닙니까?

니느웨가 망할 때 그렇게 많은 사람들이 함께 망한 것은 이런 속임수에 넘어가서 유치해졌기 때문입니다. 그들이 정상적으로 분별력을 사용했더라면 멸망의 자리에 남아 있지 않고 빠져 나왔을 것입니다. 예루살렘이 멸망했을 때에도 똑같은 일이 일어났습니다. 정상적인 분별력을 사용했더라면 절대 남아 있지 않았을 사람들이 남아 있다가 망했습니다. 그들은 예루살렘 성전을 신화처럼 믿었습니다. '이 거룩한 성전이 설마 망하겠느냐?' 는 미신이 그 많은 사람들을 죽음의 자리로 몰고 갔습니다.

왜 그렇게 많은 사람들이 니느웨에서 멸망을 당했습니까? 스스로 생각하고 고민하기를 싫어하고 '니느웨가 다 알아서 해 주겠지' 라고 믿었기 때문입니다. 우리는 제 발로 서는 훈련을 받아야 하며 내 문제를 가지고 고민하고 기도하며 응답받는 훈련을 받아야 합니다. 그래야 악이 독버섯처럼 일어나지 않습니다.

정체를 드러내는 니느웨

하나님께서는 앗수르의 거짓된 정체를 드러내겠다고 말씀하십니다. "만군의 여호와의 말씀에 '내가 네 대적이 되어서 네 치마를 걷어쳐 네 얼굴에 이르게 하고 네 벌거벗은 것을 열국에 보이며 네 부끄러운 곳을 열방에 보일 것이요'"(3:5).

기생이 곱게 화장한 얼굴로 화려한 옷을 입고 붉은 등불 아래 앉아 있으면 본색을 알 수가 없습니다. 대낮에 욕을 하면서 사람들과 머리카락 쥐어뜯으며 싸우는 모습을 봐야 정신이 번쩍 들면서 '내가 왜 저런 여자를 좋다고 따라다녔을까?' 하는 생각이 드는 것입니다. 그런데 오늘 하나님께서는 그렇게 싸우는 모습 정도가 아니라 아예 벌거벗은 모습을 모든 사람 앞에 드러내겠다고 말씀하십니다.

니느웨가 얼마나 멋진 성이었습니까? 니느웨의 운하는 일대 걸작품이었습니다. 그런데 그런 겉모습이 아니라 니느웨 왕의 그 비열하고 치사한 본색을 봐야 한다는 것입니다. 이 성을 건축하기 위해 얼마나 많은 사람들의 피를 흘렸는지 봐야 한다는 것입니다. 니느웨 왕의 화려한 영광만 보던 사람들은 니느웨가 망한 후에 재판받는 모습을 볼 때에야, 그 숱한 비열한 범죄와 잔인한 죄상이 드러나는 것을 볼 때에야 비로소 '내가 저런 인간을 믿고 따라왔구나. 저렇게 치사한 인간을 절대적인 군주로 믿고 따라왔구나' 하고 깨달을 것입니다.
　6절을 보십시오. "내가 또 가증하고 더러운 것을 네 위에 던져 능욕하여 너로 구경거리가 되게 하리니." 성경에서 "가증하고 더러운 것"이라고 할 때는 대개 우상을 가리킵니다. 그러나 여기에서는 그런 뜻이라기보다는, 니느웨 사람들이 가장 가증하고 더럽게 여기던 것들과 함께 지내게 함으로써 그들이 얼마나 더럽고 추잡한 사람들인지 온 세상에 드러내겠다는 뜻으로 보입니다. 예컨대 가장 고상한 척하던 니느웨 귀족들이 돼지들과 함께 우리에 갇히게 된다면, 그 자체가 말할 수 없는 수치요 세상의 구경거리가 될 것입니다. 우리나라에서도 전직 대통령들이 수의를 입고 재판석에 선 일이 있었습니다. 그것은 그들에게 죽음보다 더한 수치였을 것입니다.
　이처럼 엄청나게 많은 사람들이 죽고 니느웨의 모든 고관들이 비참한 자리에 떨어져 구경거리가 되는 것을 볼 때에야 비로소 사람들은 악의 실체를 깨닫게 될 것입니다. "그때에 너를 보는 자가 다 네게서 도망하며 이르기를 니느웨가 황무하였도다. 누가 위하여 애곡하며 내가 어디서 너를 위로할 자를 구하리요 하리라'

하시도다"(3:7).

니느웨가 멸망한 후에는 모든 사람들이 니느웨의 거짓된 실체를 알게 되어, 니느웨라는 말만 들어도 도망쳐 버릴 것입니다. 니느웨의 멸망을 애곡하며 슬퍼하는 사람은 아무도 없을 것입니다. 악이 힘을 행사하는 것은 잠시뿐입니다. 일단 무너지고 나면 아무도 거들떠보지 않습니다. 완전히 1회용 반창고예요. 쓰고 나면 그만입니다. 이것이 세상 권력의 속성입니다.

구약성경에는 굉장히 지혜로운 여성들이 나옵니다. 그 중에 한 사람은 여리고 성의 라합입니다. 라합은 하나님의 백성이 출애굽했다는 소식을 들었을 때 여리고를 배반하고 이스라엘을 도와줌으로써 하나님의 백성이 되었습니다. 또 모압 여인 룻은 모압에서 재혼해서 잘살 수 있었음에도 불구하고, 거지꼴로 시어머니를 따라 베들레헴으로 가는 길을 택함으로써 모압 대신 이스라엘 전체를 차지하게 되었습니다. 그의 증손자 다윗은 온 이스라엘의 왕이 되었습니다.

오늘 성경이 말씀하는 것이 무엇입니까? 왜 이 세상을 배반하지 않느냐는 것입니다. 세상이 주는 매력들을 떨쳐버리지 못하면 결국 그 거짓된 의리 때문에 세상과 함께 멸망한다는 것입니다.

우리는 세상과 친구가 아니라는 것을 분명히 밝힐 필요가 있습니다. 앗수르 같은 악의 세력을 부러워하지 말고 경멸하십시오. 부정한 방법으로 부자가 되고 권력을 잡은 사람들을 부러워하지 말고 경멸하십시오. 그렇다고 찾아가서 욕을 하고 침을 뱉으라는 말이 아닙니다. 그런 사람들을 전혀 부러워하지 않으며, 거기에 빌붙어서 부스러기를 받아먹을 생각이 없음을 분명히 하라는 것입니다.

　하나님의 통치를 받는다는 것이 얼마나 아름다운 일입니까? 말씀의 다스림을 받는 것, 말씀의 잔소리를 듣는다는 것이 얼마나 복된 일입니까? 그런데 사람들은 이 잔소리를 듣기 싫어합니다. 세상에 좋은 것들이 너무나도 많은데 하나님이 아무것도 못하게 방해하시는 것처럼 생각해서 도망쳐 버립니다. 그래서 이스라엘 백성들도 끊임없이 사람의 통치를 요구했습니다. 하나님의 통치는 사람의 통치만큼 재미가 없다는 것입니다. 그래서 니느웨 같은 세력과 손을 잡으면 결국 어떻게 됩니까? 오늘 성경은 사람의 통치가 불러오는 처참한 결과를 보여 주고 있습니다. 그것을 보고서야 사람들은 자기가 속았다는 사실을 깨달을 것입니다.

　그래서 하나님의 백성들은 진정으로 하나님의 통치를 기뻐해야 하며, 하나님의 말씀을 사랑해야 합니다. 하나님 때문에 못하는 것이 많다고 해서 아쉬워하면 안 돼요. 오히려 아주 감사하면서 내가 하나님의 백성으로 사는 것에 자부심을 가져야 합니다. 세상 친구들이나 세상적으로 잘된 사람들과 비교하지 마십시오. '그 사람은 그 사람이고 나는 나다. 말씀의 통치를 받으며 사는 것이 내 삶의 목적이다' 라고 생각하십시오. 친구가 몇 억을 번들 나와 무슨 상관이 있습니까? 세상에서 그 친구 따라다니다가 지옥까지 같이 따라가겠습니까?

　신앙에 조금이라도 틈이 생기면 시험에 빠지게 되어 있습니다. 때로는 '옳지는 않지만 세상의 쾌락을 약간만 맛보고 싶다' 는 생각이 들 수도 있습니다. 그러나 그 약간의 쾌락을 따라가면 그 작은 틈으로 결국 거대한 앗수르가 밀고 들어올 것입니다. 세상의 세력은 조금도 용납하면 안 됩니다. 우리는 하나님을 빈틈없이 사랑해야 합니다.

우리는 하나님 앞에 얼마나 귀한 사람들인지 모릅니다. 돈이 없어도, 권력이 없어도 하나님 앞에 너무나 귀한 사람들입니다. 하나님께서는 그것을 깨닫고 더 담대하게 믿음으로 살게 하시려고 우리를 부르셨습니다. 악한 사람이 성공하는 것은 굉장히 큰 유혹이요 시험이지만, 그 정체를 꿰뚫어 보고 결말을 내다보십시오. '나는 하나님이 주시는 것만 가지고 산다. 나는 하나님을 믿는다'는 태도로 담대하게 나아가십시오. 그러면 앗수르의 용광로도 우리를 태워 없애지 못할 것입니다.

하나님께서는 우리를 지극히 존귀한 자리로 부르셨습니다. 하나님의 사랑은 우리를 무력하게 만드는 일시적인 사랑이 아니라, 분별력을 되찾게 만들며 제 발로 일어나서 하나님의 뜻을 찾아 이루어 드리는 참으로 고상한 사랑입니다. 이것을 깨달음으로써 세상이 죄악으로 범벅이 되었을 때에도 타협하지 않는 믿음, 마귀가 보고 두려워 떠는 믿음, 권력자들이 오히려 무릎을 꿇는 믿음을 갖게 되기를 축원합니다.

해체되는 앗수르 8

3:8 네가 어찌 노아몬보다 낫겠느냐? 그는 강들 사이에 있으므로 물이 둘렸으니
바다가 성루가 되었고 바다가 성벽이 되었으며
9 구스와 애굽이 그 힘이 되어 한이 없었고 붓과 루빔이 그의 돕는 자가 되었으나
10 그가 포로가 되어 사로잡혀 갔고 그 어린아이들은 길 모퉁이 모퉁이에
메어침을 당하여 부서졌으며 그 존귀한 자들은 제비 뽑혀 나뉘었고
그 모든 대인은 사슬에 결박되었나니
11 너도 취한 바 되어 숨으리라. 너도 대적을 인하여 피난처를 찾아보리라.
12 너의 모든 산성은 무화과나무의 처음 익은 열매가 흔들기만 하면
먹는 자의 입에 떨어짐과 같으리라.
13 너의 중 장정들은 여인 같고 너의 땅의 성문들은 너의 대적 앞에 넓게 열리고
빗장들은 불에 타도다.
14 너는 물을 길어 에워쌀 것을 예비하며 너의 산성들을 견고케 하며 진흙에
들어가서 흙을 밟아 벽돌가마를 수리하라!
15 거기서 불이 너를 삼키며 칼이 너를 베기를 늦의 먹는 것같이 하리라.
네가 늦같이 스스로 많게 할지어다. 네가 메뚜기같이 스스로 많게 할지어다.
16 네가 네 상고를 하늘의 별보다 많게 하였으나 황충이 날개를 펴서 날아감과 같으리
17 너의 방백은 메뚜기 같고 너의 대장은 큰 메뚜기 떼가 추운 날에는 울타리에
깃들였다가 해가 뜨면 날아감과 같으니 그 있는 곳을 알 수 없도다.
18 앗수르 왕이여, 네 목자가 자고 네 귀족은 누워 쉬며 네 백성은 산들에 흩어지나
그들을 모을 사람이 없도다.
19 너의 다친 것은 고칠 수 없고 네 상처는 중하도다. 네 소식을 듣는 자가 다 너를
인하여 손뼉을 치나니 이는 네 악행을 늘 받지 않은 자가 없음이 아니냐?

3:8-19

오늘 본문은 나훔서의 마지막 부분으로서, 앗수르의 멸망에 대해 말씀하고 있습니다. 아마 여러분은 이 설교를 죽 들어오면서 '도대체 앗수르는 언제 망하는 거야? 지난주도 앗수르, 이번 주도 앗수르 얘기만 듣다 보니 너무 지겹네'라는 생각이 들 것입니다. 그런데 그것이 바로 앗수르의 속성입니다. 일단 세상에 등장하면 사람을 지겹게 만들기까지 사라지지 않는 것이 악의 속성이에요. 국물까지 다 빼내 간 다음에 물귀신처럼 발목을 잡고 늘어져서 최후의 순간까지 장렬하게 같이 멸망하는 것이 악의 속성입니다.

따라서 여러분이 나훔서를 읽으면서 니느웨에 질리는 것은 지극히 정상적인 반응입니다. 이렇게 악의 세력에 한번 당해 본 사람은 처음부터 태도를 분명히 합니다. 그렇게 하지 않을 때 어떤 엄청난 결과가 뒤따라오는지 알기 때문입니다. 악의 세력은 어중간한 태도를 취하고 있던 사람들을 규합해서 함께 망해 버리는 특징을 가지고 있습니다. 그러니까 정신을 바짝 차리고 있지 않으면

이 악의 소용돌이에 전부 휘말려서 망해 버리는 것입니다.

수입원도 없으면서 빚을 얻어서 헤프게 쓰며 잘사는 것은 악한 일입니다. 수입이 적으면 적은 대로 부족하게 살아야 합니다. 우리나라의 대기업들이 그렇게 공중분해 된 것도 자기 돈으로 회사를 키우지 않고 여기저기서 빚을 끌어다 키운 결과입니다. 그것은 악한 일입니다. 돈이 없으면 작은 규모에 맞추어서 충실하게 회사를 운영해야 합니다. 욕심으로 수많은 돈을 끌어들였다가 망해 버리면 그 회사에 다니는 직원들이나 납품하는 작은 회사들은 어떻게 되겠습니까? 그런 회사는 결국 그들의 발목까지 붙잡고 깊이 가라앉아 버립니다.

나훔 선지자 당시에 앗수르는 한없이 비대해지고 있었습니다. 그런데 그 원인이 농사를 열심히 지은 데 있지도 않았고, 장사를 열심히 한 데 있지도 않았습니다. 오로지 주위 나라들을 공격하고 약탈해서 그렇게 부강해진 것입니다. 그러다가 더 이상 약탈할 나라들이 없어지게 되자, 앗수르는 그 비대한 국가조직을 유지하지 못해서 붕괴되고 말았습니다.

오늘 본문은 앗수르의 멸망을 세 가지로 설명하고 있습니다. 첫째로, 앗수르가 멸망시켰던 애굽 노아몬의 멸망과 비교해서 앗수르도 그들처럼 멸망할 것이라고 말씀하고 있습니다. 둘째로, 앗수르가 스스로 살아나기 위해 몸부림치는 것이 얼마나 소용없는 짓인지 말씀하고 있습니다. 그리고 마지막으로, 앗수르의 해체를 메뚜기 떼가 날아가는 것에 비유해서 말씀하고 있습니다. 메뚜기 떼가 날아가면 아무도 막을 수 없습니다. 그처럼 앗수르가 해체될 때에는 아무도 그 상황을 수습할 수 없을 것이라고 말씀합니다.

우리가 보기에 앗수르는 하나님의 나라와 아무 상관이 없는 나라인 것 같습니다. 그런데도 성경이 앗수르의 멸망을 이렇게 여러 각도에서 자세히 보여 주는 이유가 무엇입니까? 하나님은 이스라엘만 다스리시는 분이 아니라 온 세상을 다스리시는 분임을 보여 주기 위해서입니다. 그 당시 세계는 앗수르의 지배하에 있었습니다. 그러나 그 앗수르를 다스리시는 분은 하나님이라는 것입니다. 하나님께서는 앗수르의 멸망을 통해 자신이 이 세상의 악을 다스리고 계시며, 절대로 악한 자의 뜻대로 되도록 내버려 두지 않으신다는 것을 보여 주셨습니다.

성도들은 이런 종말을 미리 꿰뚫어 봐야 합니다. 악한 자들이 득세하고 있을 때 그 종말을 내다보아야 합니다. 악한 세력이 그럴듯한 이유로 수많은 사람들을 끌어들일 때 '저기에 관계했다가는 다 망한다'는 것을 간파하고, 처음부터 입장을 분명히 해야 합니다. 성도들은 하나님이 주신 범위 안에서 만족하며 살 필요가 있습니다. 적게 벌면 적게 버는 대로 가난하게 살면서, 무리하게 잘살 욕심을 내지 말아야 합니다. 그러면 하나님께서 능력을 주시고 영향력을 넓혀 주실 때가 옵니다. 하나님께서는 그것을 깨닫고 악의 세력에 가담하지 말라고 지겹도록 반복해서 우리에게 가르쳐 주고 계십니다.

노아몬의 멸망

지금은 사라지고 없지만, 한때는 세계를 제패했던 애굽의 도시가 있었습니다. 그 도시가 바로 '태양신 아몬의 신전'이라는 뜻을 가졌던 노아몬입니다. 아마 노아몬이라는 이름은 몰라도 테베라는 이름은 아는 분이 많을 것입니다. 이 도시의 흔적은 아직도 발견

되지 않은 것 같습니다. 그러나 나일 강 중류에 있었던 테베는 한동안 전 세계를 지배할 정도로 강력한 힘을 가지고 있었습니다.

3장 8절과 9절은 이 도시가 어떤 식으로 방어체제를 갖추고 있었는지 보여 줍니다. "네가 어찌 노아몬보다 낫겠느냐? 그는 강들 사이에 있으므로 물이 둘렸으니 바다가 성루가 되었고 바다가 성벽이 되었으며 구스와 애굽이 그 힘이 되어 한이 없었고 붓과 루빔이 그의 돕는 자가 되었으나."

노아몬은 난공불락의 성이었습니다. 노아몬은 강들 사이에 있었으며 물이 주변을 두르고 있었습니다. 성 주위에 운하를 파서 나일 강물을 끌어들임으로써 육군만으로는 절대 공격할 수 없게 만들어 놓았습니다. 노아몬은 해병대가 아니면 공격할 수 없는 성이었습니다. 여기에 보면 "바다가 성루가 되었고 바다가 성벽이 되었으며"라고 되어 있는데, 여기에서 바다는 노아몬을 에워싸고 있던 운하를 가리킵니다. 옛날 사람들은 큰 강이나 호수도 바다라고 불렀습니다. 이렇게 바다처럼 큰 호수 안에 성벽이 있었고 그 안에 망대가 있었기 때문에 노아몬은 기습공격을 받을 위험이 없었습니다. 적이 어디에서 공격을 하든지 일단은 노출될 수밖에 없었습니다. 게다가 내륙 깊은 곳에서 배를 만든다는 것 자체가 불가능한 일이었기 때문에 어느 나라도 쉽게 노아몬을 공격할 수 없었습니다.

또 노아몬의 주변에는 든든한 나라들이 많이 있었습니다. 구스는 지금은 에티오피아로서, 남쪽에 위치하고 있었습니다. 애굽은 북쪽 카이로 부근의 여러 도성들을 가리키는 것 같습니다. 그러니까 남쪽은 구스가 지켜 주고 북쪽은 애굽이 지켜 주었다는 것입니다. "그 힘이 되어 한이 없었고"라는 것은 그들의 막강한 힘을 언제든지 끌어다 쓸 수 있었다는 뜻입니다. 또 붓과 루빔이 돕는 자가 되었다고 합니다. 루빔은 지금의 리비아로서, 서쪽에 위치하고 있었습니다. 붓은 어디인지 모르겠지만, 아마도 동쪽에 있는 나라가 아니었을까 생각합니다.

이처럼 노아몬은 운하로 둘러싸여 있어서 그 자체가 대단한 방어력을 갖추고 있었을 뿐 아니라, 동서남북으로 지켜 주는 나라가 있어서 사람이 보기에는 망하려야 망할 수가 없는 성이었습니다. 그런데 이 난공불락의 성 노아몬을 앗수르가 함락시켰습니다. "그가 포로가 되어 사로잡혀 갔고 그 어린아이들은 길 모퉁이 모퉁이에 메어침을 당하여 부서졌으며 그 존귀한 자들은 제비 뽑혀 나뉘었고 그 모든 대인은 사슬에 결박되었나니"(3:10).

앗수르는 어떻게 노아몬을 함락시켰습니까? 아마도 앗수르에서 배를 만들어 긴 육로를 통해 운반해 갔던 것 같습니다. 그들은 노아몬의 아이들을 메어쳐서 죽였고 귀족들은 전부 제비 뽑아서 노예로 팔아 버렸습니다. 철저하게 노동력을 기준으로 사람을 판별해서 일할 수 있는 사람은 노예로 쓰고, 일할 수 없는 자는 죽여 버렸습니다.

나훔 선지자는 이 노아몬의 예를 들면서 "앗수르 너희도 이 노아몬과 비교해서 하나도 나을 것이 없다"고 말하고 있습니다. 악한 자의 특징은 바로 얼마 전에 악의 세력이 망하는 것을 보았으면서도, 또 직접 거기에 동원되어 악을 심판했으면서도 자신 또한 그렇게 망할 수 있다는 가능성을 생각지 않는다는 데 있습니다. 세계의 역사가 보여 주는 것이 무엇입니까? 악의 세력은 절대 성공하지 못한다는 것입니다. 그런데도 악의 세력은 '다른 사람은 몰라도 나는 절대 망하지 않는다'는 거짓된 믿음으로 계속해서 덤벼들고 있습니다. 마치 부나비들이 계속 불에 덤벼들다가 타 죽는 것과 같습니다. '저 나비는 타 죽어도 나는 안 죽는다' 는 거예요. 악한 자의 속성이 바로 그런 것입니다. '나는 다른 사람과 다르다. 나는 그렇게 시시하게 망하지 않는다' 는 거짓 확신, 거짓 신화를 가지고 있는 것입니다.

앗수르 사람들이 어리석은 이유가 무엇입니까? 운하로 둘러싸인 노아몬을 자신들이 멸망시켜 놓고서도, 자신들 역시 운하를 파 놓고 '우리는 망하지 않는다' 고 생각한 것입니다. 신화는 이처럼 어리석기 짝이 없는 것입니다. 일단 자기 도취에 빠진 사람은 누가 뭐라고 해도 정신을 차리지 못합니다. 신앙과 신화는 정반대되는 것입니다. 신화를 가진 사람은 실상은 별것도 없으면서 '나는 특별하다' 고 믿지만, 신앙을 가진 사람은 자신에게 아무것도 없음을 인정하고 그 현실을 하나님께 맡김으로써 극복합니다.

삼손이 특별한 힘을 가질 수 있었던 것은 하나님의 능력이 그와 함께했기 때문입니다. 그런데 삼손은 자기 힘이 머리카락에서 나온다고 믿었습니다. 이것이 신화입니다. 머리카락만 잘리지 않으면 자기는 괜찮다는 거예요. 신화는 이처럼 사람을 속입니다.

예수님께서는 "비판을 받지 아니하려거든 비판하지 말라. 너희의 비판하는 그 비판으로 너희가 비판을 받을 것이요 너희의 헤아리는 그 헤아림으로 너희가 헤아림을 받을 것이니라"(마 7:1-2)고 말씀하셨습니다. 우리 모든 인간은 하나님 앞에서 시험을 치는 수험생과 같습니다. 공부를 잘하든 못하든 수험생은 누구나 안심할 수 없습니다. 그저 주어진 상황에서 최선을 다할 뿐입니다. '나는 틀림없이 시험을 잘볼 거야' 라는 자기 도취에 빠지는 것은 위험한 일입니다.

앗수르는 자기 모습을 정확하게 보지 못했습니다. 그들은 신처럼 군림하면서 무한대의 권력과 부를 끌어모았습니다. 언젠가는 한계에 부닥친다는 것을 깨닫지 못하고 끝없이 정복해 나갔습니다. 그 결과가 무엇입니까? 노아몬처럼 망하는 것입니다.

우리가 처음부터 가지고 태어나는 것은 하나도 없습니다. 우리는 100퍼센트 모든 것을 하나님께 빌려쓰는 사람들로서, 평생토록 이 빚을 갚을 의무가 있습니다. 그렇다면 이 빚을 어떻게 갚을 수 있을까요? 다른 사람들에게 사랑을 베풀고 도와줌으로써 갚을 수 있습니다. 공부를 많이 한 사람은 그만큼 갚을 빚이 많은 것입니다. 건강한 사람도 병약한 사람보다 빚이 많은 것이고, 돈이 많은 사람도 가난한 사람보다 빚이 많은 것입니다. 이 빚을 갚을 생각을 해야지 더 많이 끌어다 쓸 생각을 해서는 안 됩니다. 그러므로 우리는 무한정 부자가 되려 해서도 안 되고, 무한정 공부만 하려 들어서도 안 됩니다. 부자가 되어도 갚을 수 있을 만큼만 되어야 하고, 공부를 해도 갚을 수 있을 만큼만 해야 합니다.

11절을 보십시오. "너도 취한 바 되어 숨으리라. 너도 대적을 인하여 피난처를 찾아보리라." 취한 바 되어 숨는다는 것은 술에 취해 도망친다는 뜻입니다. 즉, 한때 전 세계가 주목하던 위치에 있다가 벌거숭이로 전락하고 나니까 그 변화를 도저히 감당할 수가 없어서 술에 취한 채 역사의 무대에서 사라진다는 것입니다.

나훔 선지자가 말씀하려는 것이 무엇입니까? 세상 나라는 결코 영원하지 못하다는 것입니다. 한 나라가 일시적으로 강해져서 전 세계를 지배하는 것은 하나님께서 잠시 그들을 사용하기 위해 힘을 빌려 주셨기 때문입니다. 그러나 하나님의 임대기간이 끝나서 그 영광과 힘을 거두어 가시면 결국 아무것도 남지 않을 것입니다. 한때 세상을 지배했던 영웅들이 그렇게 영화로울 수 있었던 것도 하나님께서 일시적으로 그 영광의 지극히 작은 부분을 빌려 주셨기 때문입니다. 그러나 하나님께서 그 영광을 벗기시면 일개 평범한 인간으로 돌아갈 수밖에 없습니다. 그러면 영광스러웠던 만큼 더 비참해집니다. 그 비참함과 상실감을 견디지 못해서 술에 취하게 되는 것입니다. 이것이 악한 자의 어리석은 모습입니다.

하나님께서 빌려 주신 것을 영원히 남기는 방법은 단 하나, 그것을 가지고 남을 사랑하는 것뿐입니다. 그러면 썩지 않는 열매를 영원히 남길 수 있습니다. 그러나 사랑스러운 사람을 사랑하는 것은 상급이 없습니다. 도저히 사랑할 수 없는 사람들을 사랑해야 영원한 칭찬과 상급을 받습니다. 부모가 자기 자식 아무리 사랑해 봐야 점수 하나도 못 받아요. "내가 얼마나 고생을 해서 자식을 키웠다구요. 그래서 한 명은 의사 만들고, 한 명은 변호사 만들고, 한 명은 사업가 만들었습니다"라고 자랑해 봐야 점수 하나도 못 받습니다. 자기 자식 사랑하지 않을 부모가 어디 있습니까? 사랑하지 않으면 오히려 나쁜 사람이지요. 내 자식 사랑하는 것은 상이 되지 않습니다. 내 자식 두들겨 팬 놈 데려다가 밥 먹이고 돌봐주어야 상이 됩니다. 그래서 지혜로운 사람은 친한 친구들끼리 몰려다니지 않습니다. 그렇게 몰려다녀 봐야 점수 하나도 못 받거든요. 오히려 그렇게 어울려 다니면서 자기 자랑이나 하고 다른 사람 험담이나 하면 점수만 깎이지 않겠습니까?

하나님께서 임대해 주신 것이 있을 때 '이걸 어떻게 해야 가장 효율적으로 쓸 수 있을까? 분명히 임대기간이 끝날 때가 오는데 그 전에 이걸 어떻게 써야 영원히 남을까?'를 생각해야 합니다. 앗수르 사람들은 미련하게 한없이 긁어 모으기만 하다가, 결국 임대기간이 끝났을 때 벌거숭이가 되어 망하고 말았다는 것을 기억하십시오.

앗수르의 무력함

임대기간이 끝나 하나님께서 힘을 거두어 가실 때 앗수르는 완전히 무력해질 것입니다. "너의 모든 산성은 무화과나무의 처음 익은 열매가 흔들기만 하면 먹는 자의 입에 떨어짐과 같으리라. 너의 중 장정들은 여인 같고 너의 땅의 성문들은 너의 대적 앞에 넓게 열리고 빗장들은 불에 타도다"(3:12-13).

앗수르에는 요새가 많았고, 그 요새들은 전부 철벽수비를 자랑하고 있었습니다. 그런데 어찌 된 일인지 망할 때가 되니까 그 요새들이 마치 무화과 열매 떨어지듯이 후두둑 떨어져 버렸습니다. 이 말씀을 보면 무화과 열매가 얼마나 잘 떨어지는 것인지 알 수 있습니다. 입을 벌리고 나무만 흔들면 그대로 입 안으로 떨어집니다. 그렇게 철벽수비를 자랑하던 산성들이 한순간에 무너지기 시작하는데, 무화과 열매 떨어지듯이 쉽게 떨어져 버린다는 것입니다. 그 이유가 무엇입니까? 임대기간이 끝났기 때문입니다. 임대기간이 끝나면 장정들도 여자처럼 힘을 쓰지 못합니다. 성문들도 활짝 열리고, 빗장들도 불에 타서 무용지물이 됩니다.

14절을 보십시오. "너는 물을 길어 에워싸일 것을 예비하며 너의 산성들을 견고케 하며 진흙에 들어가서 흙을 밟아 벽돌가마를 수리하라!" 성이 포위되면 물을 구할 수 없으니까 물을 길어 놓으라는 것입니다. 또 성이 무너질 때를 대비해서 진흙을 밟아 벽돌을 만들라는 것입니다. 그러나 그렇게 해도 아무 소용이 없으리라는 것입니다.

15절을 보십시오. "거기서 불이 너를 삼키며 칼이 너를 베기를 늦의 먹는 것같이 하리라. 네가 늦같이 스스로 많게 할지어다. 네가 메뚜기같이 스스로 많게 할지어다." 여기에서 "늦"은 조금 어린 메뚜기를 말합니다. 앗수르가 아무리 다시 살아나기 위해 몸부림을 쳐도, 여기저기서 빚을 끌어다 대고 이 나라 저 나라에 사정을 해도, 늦이 날카로운 이로 갉아먹듯이 불이 그들을 삼키며 칼이 그들을 벨 것입니다.

모든 일에는 하나님의 때가 있습니다. 자기 생각에는 영구적으로 힘을 낼 수 있을 것 같아도, 하나님의 임대기간이 끝나고 나면 전혀 맥을 출 수가 없습니다. 그래서 정말 중요한 것은 하나님의 은혜를 놓치지 않는 것입니다. 하나님의 은혜가 한번 떠나고 나면 아무리 소리를 지르고 몸부림을 쳐도 소용이 없습니다. 자기도 알지 못하는 사이에 능력이 다 빠져 나갑니다.

그리스도인의 능력은 경건과 기도에 있습니다. 경건을 지키며 기도하는 사람은 절대로 망할 수가 없습니다. 그런데 왜 기도하지 않습니까? 자신이 있기 때문입니다. 만사가 잘되고 있기 때문입니다. 그래서 방심하다가 망하는 것입니다. 그러나 사실은 잘되고 있을 때 기도를 곱배기로 해야 합니다. 승승장구하고 있을 때 기도를 몇 배로 해야 해요. 인기가 마구 올라갈 때 금식을 선포해야 그나마 살아남을 수 있습니다. 그렇지 않고 마구 휘말리다 보면 어느덧 자기 신화가 생기게 되고, 타이어에서 바람 새 나가듯이 능력이 새 나가게 됩니다. 그렇게 한번 능력이 새 나가기 시작하면 걷잡을 수가 없습니다.

그러므로 일이 좀 잘되고 내가 자꾸 높아진다 싶으면 스스로 계엄령을 선포하고 새벽마다, 밤마다 기도의 자리로 나아가야 합니다. 경건에 실패하면 삼손처럼 졸지에 망할 수밖에 없습니다. 신앙에는 용사가 없습니다. 기도하지 않으면 벌써 입에서 자랑이 흘러나오기 시작하고, 속에 교만이 들어차기 시작합니다. 매일 하나님 앞에 나아가서 무릎 꿇고 울며 기도해야 그나마 경건이 지켜지고 하나님의 은혜가 머물러 있는 것이지, 기도하지 않고 여기저기 좇아다니기 시작하면 벌써 바람이 새 나가기 시작합니다. 그렇기 때문에 경건을 손해봐 가면서 사업을 벌이는 것은 어리석은 짓입니다. 경건을 손해봐 가면서 사람 만나러 다니는 것은 어리석은 짓입니다.

경건을 지키면 축복이 따라오게 되어 있습니다. 그리고 그 축복은 사람을 변질시키지 못합니다. 우리가 가진 것은 1퍼센트도 안 됩니다. 나머지는 하나님이 도와 주셔야 하는데 경건이 무너지면 절대 하나님의 도움을 얻을 수가 없습니다.

해체되는 앗수르

하나님께서는 앗수르가 완전히 해체될 것이라고 말씀하십니다. "네가 네 상고를 하늘의 별보다 많게 하였으나 황충이 날개를 펴서 날아감과 같고 너의 방백은 메뚜기 같고 너의 대장은 큰 메뚜기가 추운 날에는 울타리에 깃들였다가 해가 뜨면 날아감과 같으니 그 있는 곳을 알 수 없도다"(3:16-17).

니느웨에는 상인들이 메뚜기같이 몰려들었습니다. 세계의 진귀한 물건들이 니느웨에 다 모여 있었기 때문입니다. 그런데 나라가 망하고 나니 그 많은 상인들이 어떻게 되었습니까? 역시 메뚜기같이 다 날아가 버렸습니다. 아무리 "서라! 서라!"고 해도 날아가는 메뚜기 떼를 막을 수는 없습니다.

앗수르가 멸망한 원인은 과도한 팽창정책에 있었습니다. 앗수르는 농사를 짓거나 목축을 해서 부강해진 것이 아니라 무력을 내세워 다른 나라를 정복함으로써 부강해졌습니다. 그들은 부강해질수록 군대를 늘려서 군사력을 점점 더 키워 나갔습니다. 그런데 나중에 정복할 나라가 없어지고 나니까 공룡처럼 비대해진 군대나 체제를 유지할 비용을 댈 수가 없었습니다. 앗수르는 약탈로 큰 나라였습니다. 그런데 약탈할 먹이가 없어졌으니 어떻게 살아남을 수 있겠습니까?

우리나라 대기업들이 나훔서의 교훈을 알았더라면 그렇게 마구 빚을 끌어다가 회사를 키우지 않았을 것입니다. 경기가 좋을 때에는 돈을 끌어들여 기업을 팽창시켜도 아무 문제가 발생하지 않습니다. 그러나 경기가 침체되어 돈을 끌어올 수도 없고 이자도 갚지 못할 상황이 되면 앉은 자리에서 공중분해될 수밖에 없습니다. 그러면 그 회사에 물건을 납품하던 작은 회사나 그 회사를 믿고 죽도록 일한 사람들만 불쌍해지는 것입니다. 사주는 이미 예상하고 자기 살 길을 다 마련해 놓습니다. 그러니까 우리는 누가 무리하게 일을 벌일 때 "난 그렇게 무리하지 않을 거야. 난 나훔서를 읽었거든"이라고 말하면서 분명히 선을 그어야 합니다. 거기에 한푼도 투자하면 안 돼요. 노아몬과 니느웨의 종말을 내다보아야 합니다.

18절을 보십시오. "앗수르 왕이여, 네 목자가 자고 네 귀족은 누워 쉬며 네 백성은 산들에 흩어지나 그들을 모을 사람이 없도다." 목자가 자고 귀족이 누워 쉰다는 것은 죽었다는 뜻입니다. 즉, 앗수르의 똑똑한 사람들이 다 죽어서 전혀 도움이 되지 못한다는 뜻입니다.

 오늘 이 앗수르의 해체를 통해 성경이 우리에게 말씀하는 것이 무엇입니까? 악한 자는 자기의 미래를 알지 못하고 끝없이 욕심을 부린다는 것입니다. 자꾸 세력을 모으고 돈을 모으고 자기 영향력을 끝없이 펼쳐나간다는 것입니다. 처음에는 힘이 있기 때문에 욕심대로 잘되어 나가는 것 같습니다. 그러다가 더 이상 세력을 넓히지 못하는 순간이 오면 그 엄청난 비용을 감당하지 못해서 완전히 티끌에 파묻히고 마는 것입니다.

 다시 말하지만 악한 자의 특성은 도중에 멈추지 못하는 데 있습니다. 한번 팽창정책을 쓰기 시작하면, 다른 사람들 다 끌어안고 망할 때까지 멈추지 못합니다. 그러나 성령의 사람들은 브레이크를 잘 잡습니다. 무슨 일을 해도 하나님의 뜻을 찾으면서 기도하고 망설이며, 확실치 않으면 포기합니다. 그렇지 않고 넓은 길로 가는 사람들을 따라가면 같이 망하게 되어 있습니다.

 기업에는 적정규모라는 것이 있습니다. 그런데 그것을 생각지 않고 더 많은 금융혜택을 얻기 위해 자기 자본 남의 자본 가리지 않고 끌어들이는 사람은 결국 자기만 망하는 것이 아니라 나라까지 망하게 만들 수 있습니다. 교회도 마찬가지입니다. 오늘날 교회의 적정규모에 대해 심각하게 생각하는 사람이 별로 많지 않은 것 같습니다. 모두 한없이 커지려고만 하고 있습니다. 더구나 교회는 회사가 아니라 가족이라는 것을 기억해야 합니다. 가족으로서 서로 신뢰를 다져 가며 건강하게 자라야지, 무조건 팽창을 추구하면 결국 공중분해될 수밖에 없습니다.

 인간은 모두 신이 되어 영원해지고자 하는 욕망을 가지고 있습니다. 그래서 어떻게 합니까? 자기 능력을 다 발휘하면 완전해질 것이라고 생각해서 자기 속에 있는 능력을 전부 다 퍼냅니다. 자기 능력을 자꾸 개발하고, 가능한 한 주변세력을 규합해서 영향력을 넓히려고 합니다. 그러나 인간의 능력에는 근본적인 한계가 있어서 아무리 개발하고 퍼내도 결코 완전해지거나 영원해질 수 없습니다.

우리가 영원해질 수 있는 길은 오히려 자기의 능력을 다 개발하지 않고 사용하지 않는 데 있습니다. 즉, 자신을 십자가에 못박아 죽이는 데 있는 것입니다. 물론 세상 사람들의 눈에는 이런 자들이 어리석게 보일 것이며, 분명히 성공할 수 있는 길이 있는데도 가지 않는 바보로 보일 것입니다. 그러나 그런 사람만이 성령의 힘으로 남을 살릴 수 있습니다. 그리고 자기가 살린 그 사람들의 도움으로 자기도 살아남을 수 있습니다. 이처럼 남을 살리는 것이 곧 자기도 사는 길입니다. 오늘날 세상 사람들은 자기가 잘되기 위해 남을 망하게 만들고 있습니다. 그러나 그런 사람들은 스스로 탈진해서 쓰러질 것입니다.

얼마 전 시골에서 농사를 지으시는 분을 한 분 만났습니다. 그분은 자기가 얼마나 어리석었던지 새끼줄을 많이 꼬아서 돼지 부자가 될 생각을 했다고 말했습니다. 새끼줄을 꼬아서 쌀겨로 바꾸어 돼지를 먹이겠다고 생각했다는 것입니다. 그래서 잘 먹지도 않고 주야로 새끼줄을 꼬다가 며칠 만에 탈진해서 쓰러져 버렸습니다. 이론적으로는 모든 일이 가능할 것 같아도 실제로 해 보면 극복할 수 없는 한계가 분명히 있다는 것을 알게 됩니다. 이분은 건강이 따라주지 않은 것이 문제였습니다.

이처럼 인간에게는 아무리 치밀하게 계획하고 능력을 다 끌어다 써도 절대로 넘을 수 없는 한계가 있습니다. 공산주의가 무너진 이유가 무엇입니까? 너무 이론적으로만 생각한 것입니다. 그러나 이론과 현실에는 엄청난 차이가 존재합니다. 앗수르가 거대한 나라를 이룬 것이 무슨 소용이 있습니까? 앗수르는 아무것도 생산하지 않고 메뚜기처럼 약탈한 것만 갉아먹으며 살았습니다. 그들은 이처럼 인간 세계의 유한함을 깨닫지 못해서 결국 망하고 말았습니다.

그래서 사도 바울은 자족하는 신앙이 중요하다고 말했습니다. 우리는 인간이지 하나님이 아닙니다. 그러므로 자족하면서 하나님이 주시는 능력으로 살아야 하며, 남에게도 인간의 한계를 넘어서는 것을 요구하면 안 됩니다. 우리는 모두 결함을 가지고 있는 사람들입니다. 그 결함을 피차 인정할 때 아름다운 것이 나오는 것입니다. 그렇지 않고 남에게 완벽한 것을 요구하는 것은 죽으라는 말이나 다름이 없습니다.

사도 바울은 하나님이 능력 주시는 범위 안에서만 살기로 작정했습니다. 길을 열어 주시지 않는데 억지로 갈 필요가 뭐가 있습니까? 그리스도인은 자기를 절대적인 존재로 생각하지 않습니다. 결함이 많은 존재, 하나님의 도움이 있어야만 사는 존재로 생각합니다. 그러니까 길이 열리지 않는 쪽으로 매진하는 대신, 길을 열어 주시는 쪽으로 순종하며 나아갑니다. 아무 길도 열어 주시지 않으면 어떻게 합니까? 그때는 방 안에서 맨손체조라도 하고 청소라도 하면서 길을 열어 주실 때까지 기다립니다.

그리스도인들은 굉장히 현실적인 사람들입니다. 성경 지식은 있지만 현실을 모르는 사람은 이 두 가지가 일치되기까지 무지무지하게 고생을 해야 합니다. 요셉을 보십시오. 요셉이 꿈꾼 것을 이야기했을 때 형들 중에 감동한 사람이 있었습니까? 오히려 더 미워해서 노예로 팔아 버리지 않았습니까? 그때 요셉이 깨달은 사실이 이론만으로는 통하지 않는다는 것입니다. 그래서 그때부터는 자기 비전을 가슴에 품고 절대 남에게 이야기하지 않습니다. 그 대신 노예라는 현실적인 신분을 철저하게 인정하며 삽니다. 그 과정에서 비전이 현실에 녹아들어서 결국에는 애굽인들을 감동시키고 수많은 사람을 살릴 수 있었던 것입니다.

"내게 능력 주시는 자 안에서 내가 모든 것을 할 수 있느니라"(빌 4:13). 우리가 보기에는 능력 주시는 자 안에서만 사는 것이 굉장히 소극적인 신앙 같지만, 사실은 가장 적극적인 신앙입니다. 그렇게 힘을 쌓아 둔 사람은 길이 열릴 때 전력질주할 수 있습니다. 사람의 힘은 한정되어 있기 때문에 모든 일을 잘할 수는 없습니다. 그래서 이 길 저 길 다 매진할 생각을 해서는 안 됩니다. 힘을 잘 비축해 놓았다가 하나님이 열어 주시는 그 길에 매진해야 합니다.

19절을 보십시오. "너의 다친 것은 고칠 수 없고 네 상처는 중하도다. 네 소식을 듣는 자가 다 너를 인하여 손뼉을 치나니 이는 네 악행을 늘 받지 않은 자가 없음이 아니냐?" 앗수르의 상처를 왜 고칠 수 없습니까? 인간에게는 한계가 있기 때문입니다. 그들은 자신의 능력으로 절대적인 존재가 되려 했습니다. 그러나 정복할 나라가 없어지자 인간의 한계를 넘지 못하고 결국 무너지고 말았습니다.

앗수르의 멸망은 그 당시 사람들에게 굉장한 충격이었습니다. 사람들은 이렇게 큰 나라도 멸망할 수 있다는 사실에 경악을 금치 못했습니다. 이 세상에서 영원한 나라는 오직 그리스도의 나라밖에 없습니다. 우리는 그 나라 백성들로서 세상 사람들과 다른 방식으로 살아야 합니다. 우리의 길과 그들의 길은 처음부터 다르다는 것을 잊지 마십시오. 앗수르의 특징은 어중간한 태도를 가지고 있는 사람들까지 싹 긁어모아서 같이 망한다는 것입니다. 우리는 앗수르의 길에서 떠나야 하며, 절대 거기에 관여하지 말아야 합니다. 세상 사람들이 잘되는 것을 볼 때 그 종말을 내다보십시오. 그 안에 들어 있는 멸망의 인자를 꿰뚫어 보십시오. 그들이 계속 팽창할 때에도 끝이 멀지 않았다는 것을 간파하십시오.

그리스도인들의 능력은 자기를 죽이는 데서 나옵니다. 자기를 죽이고 자기 욕심대로 행하지 않을 때, 내가 가지고 있는 1퍼센트의 작은 힘이 99퍼센트의 성령의 능력에 결합되어 남을 살려 내기 시작하고, 그렇게 살아난 사람들이 또 나를 도와주기 시작합니다. 이것이 그리스도인이 살아가는 원리입니다.

그리스도인들은 현실적이 되어야 합니다. 자기 신화에 속지 말고, 자신을 객관적으로 평가할 수 있어야 합니다. '나는 요것밖에 안 된다'는 것을 알아야 해요. 그 작은 것을 하나님께 가지고 나아갈 때, 하나님께서 그것을 축복하여 30배, 60배, 100배의 결실을 맺게 하시는 것입니다.

세상 사람들이 모든 것을 차지해도 부러워하지 마십시오. 하나님의 손 아래에서 겸손하게 자기의 욕심을 십자가에 못박고, 오직 성령의 능력으로 행하기를 힘쓰십시오. 이 세상의 허황된 허영에 속지 말고 처음부터 분명한 신앙의 결단을 가지고 행하십시오.

하나님께서 다시 한 번 우리 가운데 경건의 불길이 타오르게 하시고, 기도하고자 하는 뜨거운 마음을 일으키시며, 이 세상을 새로운 눈으로 볼 수 있는 믿음을 주시기를 기도합니다.